AF347146

DEUX JURÉS

DU

TRIBUNAL RÉVOLUTIONNAIRE

Published thirty January nineteen hundred and nine.
Privilege of Copyright in the United States reserved, under the Act approved
March third, nineteen hundred and five by Perrin and Co.

ALPHONSE DUNOYER

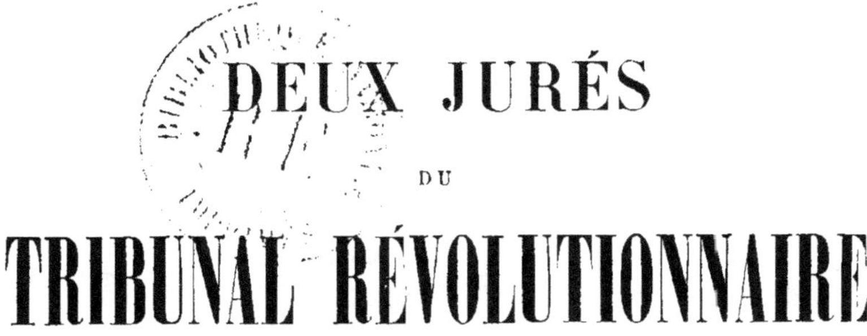

DEUX JURÉS

DU

TRIBUNAL RÉVOLUTIONNAIRE

VILATE « LE PETIT MAITRE »

TRINCHARD « L'HOMME DE LA NATURE »

PARIS

LIBRAIRIE ACADÉMIQUE

PERRIN ET Cⁱᵉ, LIBRAIRES-ÉDITEURS

35, QUAI DES GRANDS-AUGUSTINS, 35

1909

ous droits de traduction et de reproduction réservés.

PRÉFACE

A Monsieur Émile Campardon.

CHEF DE SECTION HONORAIRE AUX ARCHIVES NATIONALES

MONSIEUR ET CHER MAÎTRE,

Permettez-moi, avant d'offrir ce livre au public, de vous le dédier.

Il doit beaucoup à vos conseils et à votre longue expérience. Cinquante ans de votre vie se sont écoulés dans nos Archives nationales où, le premier, avec une méthode précise, une curiosité toujours en éveil, vous avez préparé, pour les chercheurs de l'avenir, la matière d'innombrables documents judiciaires émanés du Tribunal révolutionnaire de Paris.

Vous aimez à dire que vous n'avez été qu'un greffier consciencieux et assidu. Il est de fait que, durant cinquante ans, votre vie a été consacrée uniquement aux Archives, aux documents, au passé de la France... Mais vous songiez aussi à son avenir, car vous avez aimé les jeunes ; c'est d'eux que vous avez voulu faire, dans cette grande et noble maison du palais Soubise, les héritiers de votre pensée savante et de vos espoirs patriotiques.

Pour vos archivistes vous avez été un évocateur prestigieux. Ils ont lu passionnément les deux volumes que vous consacriez, en 1866, à vos recherches sur le Tribunal révolutionnaire de Paris. Que de fois, à l'heure du travail, vous avez éclairé de votre verbe si vivant et si pittoresque, les problèmes ténébreux où leur inexpérience se trouvait embarrassée lorsqu'il s'agissait, de la part du public érudit, d'une demande insidieuse ou d'une sollicitation pleine de périls !

De la foule disparate qui envahissait quotidiennement le Palais de justice aux heures

tragiques de 93, votre vision a fait surgir
pour nous des types d'humanité bien vivants : types d'aventuriers, types de mou-
chards, types de ratés, types de don Juans
de faubourgs, types de roués, types de
petits commerçants vaincus par la peur.
types de naïfs, types même d'honnêtes gens
sincères et convaincus.

Lorsque vous reveniez, pour nous les
dire, vers ces longues années de voyage au
pays du passé sanglant, notre curiosité se
muait en un désir presque impatient de
reprendre, après vous, l'œuvre commencée
et de vous continuer. Vous nous indiquiez,
généreusement, tant de beaux travaux encore
pour l'avenir !

C'est ainsi qu'en vous écoutant, j'ai conçu
l'idée d'une étude approfondie sur l'accusateur public, Fouquier-Tinville. Reconstituer
lentement, minutieusement, définitivement,
s'il se peut, avec sa physionomie véritable,
expliquer cette énigmatique et sombre figure
qui symbolisa dans la mémoire des hommes

tout le Tribunal de la Terreur, c'est l'œuvre
à laquelle vos conseils m'ont déterminé.

Chemin faisant, j'ai rencontré dans l'enceinte du Palais de justice et dans l'entou-
rage de Fouquier, parmi les jurés qu'il
surnommait ses *solides*, parce qu'ils se
déclaraient presque toujours convaincus de la
culpabilité des accusés, deux personnages
à la physionomie saillante, contrastes vivants
par l'attitude qu'ils prennent, par la langue
qu'ils parlent, par la façon dont ils jugent.

Il est, je crois, difficile d'imaginer deux
types d'humanité plus différents que le petit
maître Vilate, dit « Sempronius Gracchus »
et le citoyen Trinchard, dit « l'homme
de la nature », l'un issu de la bourgeoisie
provinciale, fils de médecin, ex-prêtre, ex-
professeur dans les collèges de la Haute-
Vienne, l'autre ancien dragon, devenu
menuisier à Paris.

A en croire le premier, jeune homme de
vingt-cinq ans, nourri d'études classiques et

d'antiquité romaine, imprégné de Salluste et de Tacite, c'est « l'enthousiasme du beau et de la vertu, aliment ordinaire d'un cœur neuf et sensible, enflammé par l'espoir de la régénération d'un grand peuple », qui le « lance dans la carrière révolutionnaire ».

Pour le second, la Révolution a été faite par le peuple et au profit du peuple. Ses idées sont simples. Elles se bornent à ceci : son *patriotisme* lui a valu une bonne place (les jurés étant payés dix-huit livres par jour). Il est patriote et il aime à se dire « homme de la nature ».

Vous avez dit quelle besogne firent, pendant quelques mois, les soixante jurés du Tribunal de Fouquier-Tinville. En moins d'un an, près de trois mille personnes envoyées par eux à l'échafaud : c'est un important chiffre d'affaires.

Vilate était-il convaincu? C'est ce que montrera cette étude. Quant à Trinchard, ses convictions étaient robustes. Vous avez, le premier, publié la lettre où il annonce à son frère qu'il vient de condamner Marie-Antoinette, « la bête féroche qui a dévoré une grande partie de la République ». Cette lettre, grâce à vous, est devenue fameuse. J'ai cru devoir la reproduire en entier.

Attiré dans la capitale par les grandes voix multiples de la Révolution, Vilate suit d'abord quelques cours de médecine. Il se lie avec les hommes politiques. Sa jolie figure fine, ses manières distinguées, son élégance naturelle intéressent Barère qui le met en rapport avec Robespierre. Il est logé au pavillon de Flore. Il est nommé juré au Tribunal révolutionnaire. Il y sera, en réalité, l'espion de Maximilien et du Comité de Salut public. Il juge avec dédain et comme malgré lui. Il n'aime pas le sang. Au Tribunal, il est distrait ou il affecte la distraction. La longueur des débats l'impatiente. Un témoin lui attribue ce mot : « Les accusés sont doublement convaincus, car en ce moment ils conspirent contre mon ventre. » (C'était l'heure du dîner.) — Dans un bref raccourci, ce

témoin nous le montre se promenant dans les
couloirs du Palais de justice, l'air ennuyé,
un cure-dent à la main, regardant au-dessus
d'une cloison la figure de ceux qu'il va condamner.

J'ai voulu démêler, au milieu des exubé-
rances de son style révolutionnaire, la part
d'attitude voulue, de cabotinage néo-romain
et la part de sincérité, de naïveté même qu'il
y avait chez ce juré *solide* de vingt-cinq
ans : l'excès de sa sensibilité me le rendait
suspect. Je l'ai suivi en quelque sorte pas à
pas chez Barère, au Tribunal, dans ses rapports avec Robespierre, avec Vadier, avec
les membres du Comité du Salut public. J'ai
trouvé, en somme, chez lui, l'homme de
lettres bien plus sincère qu'il ne paraît
d'abord. Il a l'esprit observateur et le don
d'écrire. Il juge les hommes au milieu desquels il vit. Ses portraits ont du relief. Ils
ne manquent pas de justesse. On sent qu'il a
vu de près les grands premiers rôles des
Comités et du Tribunal. Il est très intelligent.

Lorsqu'après le 9 thermidor, le Tribunal de la Terreur sombra, que l'accusateur public Fouquier-Tinville fut décrété d'accusation et, avec lui, les juges et les jurés, Sempronius Gracchus Vilate et l'homme de la nature Trinchard connurent des jours difficiles. Leur activité s'étiola longtemps dans les prisons qu'avait multipliées le régime de la Terreur.

Pour employer les longues veilles des nuits d'hiver, Vilate rédigea ses Mémoires. Ce sont ces curieux écrits intitulés : *Causes secrètes de la Révolution du 9 au 10 thermidor*, que j'ai analysés sans perdre de vue leur caractère de pamphlets.

Quant à Trinchard, il rédigea des suppliques où il demandait qu'on rendît « un patriote à la société, un mari à sa chère épouse et un ouvrier à l'industrie ».

Traduits au nouveau Tribunal, celui que vous avez nommé le Tribunal réactionnaire, car, en vertu de l'ordre des choses, il réagissait contre les actes du Tribunal précédent, l'ex-juré Vilate et l'ex-juré Trinchard espéraient sans doute que leur grand chef de file les sauverait par l'incontestable talent qu'il employait à se défendre lui-même. Fouquier ne les défendit pas.

Après trente-neuf jours de débats, ils entendirent prononcer leurs jugements, bien différents l'un de l'autre, comme l'étaient eux-mêmes ces deux personnages associés temporairement pour une besogne commune. Le menuisier fut acquitté. Il avait agi « sans mauvaises intentions ». L'autre fut condamné. Il savait trop de choses. Il devait disparaître.

Une étude critique des Mémoires de Vilate restait à faire. Les historiens de la Terreur ont négligé ces curieux essais de psychologie révolutionnaire. Son titre de juré au Tribunal a bien fait du tort à Vilate. Les historiens, lorsqu'ils le citent, d'une note brève et presque toujours dédaigneuse, ont l'air de se voiler la face. M. Ernest Hamel, choqué de la désinvolture avec laquelle ce jeune

homme de vingt-cinq ans parle de Robespierre, lui décoche, en passant, quelques
flèches empoisonnées telles que celle-ci :
« Un des plus vils suppôts de la Terreur
qui, après thermidor, ont essayé de rejeter
sur le vaincu la responsabilité des excès auxquels il s'était en vain opposé, l'ex-juré
Vilate... » M. Hamel a d'ailleurs interprété
à contre-sens le jugement porté par Vilate sur
son grand homme. L'ironie de ce jugement
lui a échappé.

Il fallait, pour rendre toute leur portée
philosophique à ces écrits, les lire la plume
à la main, les contrôler sans cesse avec les
événements contemporains, avec les documents du Tribunal conservés aux Archives
nationales, avec le Moniteur. Il fallait faire,
pour l'œuvre littéraire de Vilate, ce que
Vilate fit pour l'œuvre politique des décemvirs. Il fallait le suivre, pas à pas, jour par
jour, dans sa « marche légère et tortueuse ».

Ainsi, peu à peu, le mystère devenait
moins irritant ; le drame politique se recons-

tituait. C'était dans tous ses détails *vécus*, la lutte suprême, poignante, acharnée des deux partis en présence, avant thermidor, au Comité de Salut public : Robespierre, Couthon, Saint-Just, d'une part ; Barère, Collot d'Herbois, Billaud-Varenne, de l'autre.

Je voudrais que mon livre pût être, pour les lecteurs, la résurrection de ces deux personnages si *représentatifs*. Pour l'écrire, j'ai longuement interrogé les documents. Je l'ai composé avec une sincérité patiente, m'efforçant de n'être qu'un témoin au milieu de ces « ombres de Dante » qui m'apportaient leurs secrets.

Je vous prie, Monsieur et cher maître, d'en agréer la dédicace comme un témoignage de gratitude et de respect.

A. DUNOYER.

Octobre 1908.

DEUX JURÉS

DU

TRIBUNAL RÉVOLUTIONNAIRE

PREMIÈRE PARTIE

JOACHIM VILATE

LE « PETIT MAITRE »

CHAPITRE PREMIER

Origines de Vilate. — Son enfance : sa jeunesse. — Son
départ pour Paris en 1792. — Un admirateur passionné
des Brutus et des Publicola. — Son « tendre cœur ». — Son
« ivresse révolutionnaire ». — Sa « sensibilité ». — Il con-
court à l'attaque des Tuileries le 10 août. — Il est nommé
secrétaire d'Ysabeau, envoyé en mission dans le Sud-
Ouest. — Il sonde l'opinion à Bordeaux et n'échappe à la
mort que grâce aux avertissements de l'acteur Lais. — A
son retour, Hérault-Séchelles, Couthon et Barère accueil-
lent avec intérêt ses rapports sur la situation politique des
départements parcourus. — Il est logé au pavillon de
Flore. — Sa joie. — Le Comité de Salut public le met sur
la liste des jurés du Tribunal révolutionnaire. — Sa répugnance pour de telles fonctions. — Première entrevue entre
Vilate et Robespierre. — Le surnom de *Sempronius Gracchus*. — Relations de Vilate à Paris. — Clichy « séjour des
jeux de l'amour ». — Portraits de Robespierre, de Barère,

de Billaud-Varenne, de Collot d'Herbois. — Influence de Vilate au Comité de Salut public.

Ahun était, avant la Révolution, une petite cité provinciale assez riche et bien peuplée[1]. Bâtie sur une colline dominant la Creuse, à trois lieues de Guéret, elle contrastait, par son aspect de prospérité, avec l'âpre mélancolie des campagnes environnantes où la misère était grande[2].

C'est dans cette petite ville que naquit, en 1768, Joachim Vilate. Son enfance s'écoula au milieu des paysages de la Haute-Marche, parmi les rochers, au creux des vallons qu'animent le murmure des sources et la vie des torrents, sous la forêt des châtaigniers centenaires, le long des aulnaies tapissées d'herbes et de mousses luisantes, dans les clairières, au bord des étangs.

---

[1] Ahun, qui a donné son nom a un bassin houiller dont les mines sont exploitées, est aujourd'hui chef-lieu de canton dans l'arrondissement de Guéret.

[2] Dans son introduction de l'*inventaire sommaire des Archives départementales de la Creuse antérieures à 1790*, M. F. Autorde montre les habitants, chassés par la stérilité du sol, allant offrir leurs services aux contrées plus favorisées et les charges fiscales si écrasantes qu'il « n'était pas rare de voir des propriétaires abandonner tous les revenus de leurs biens pour être exemptés de l'impôt ».

Sa famille était de bonne bourgeoisie. Son père, médecin, laissait, en mourant jeune encore, de nombreux enfants dont Joachim était l'aîné. Il fut élevé à Blaudeix[1] par un de ses oncles paternels, qui lui enseigna les éléments de la grammaire, de l'histoire, du latin et qui l'envoya terminer ses études à l'Université de Bourges.

Au début de la Révolution, Vilate est chez son oncle, à Blaudeix. Il vient d'entrer dans les ordres. Deux de ses frères sont aux armées. Le principal du collège de Guéret lui propose une place d'instituteur. Il accepte, pour peu de temps d'ailleurs. En 1791, au moment où le serment des prêtres fait « déserter les instituteurs des maisons d'éducation[2] » les admi-

---

[1] Blaudeix (Creuse. arrondissement de Boussac, canton de Jarnages). — *L'inventaire sommaire des Archives départementales de la Creuse* mentionne des lettres de sauvegarde octroyées, le 29 décembre 1627, à Étienne Vilate, du bourg du Moûtier d'Ahun (au bas de la colline sur laquelle était bâti Ahun). Défense est faite aux gens de guerre de loger ni fourrager « dans la maison et autres biens dudit Vilate ». D'autres Vilate sont également mentionnés dans l'inventaire sommaire, à Guéret ou dans les environs, pendant le XVIIe siècle. (Série E. 1142.)

[2] L'enseignement primaire n'existait pour ainsi dire pas dans la Haute-Marche avant la Révolution. C'est du moins ce qui ressort de l'étude que M. F. Autorde a consacrée à cette question. « Le pays de Combrailles offrait le spectacle d'une population plongée dans l'ignorance. » L'éducation était difficile et infructueuse, au dire de Baraillon en 1780. « Les plus anciennes maisons de

nistrateurs du département de la Haute-Vienne le nomment professeur de seconde au collège de Limoges. Il est installé au milieu des baïonnettes. En 1792, il est appelé au collège de Saint-Gauthier (département de l'Indre), où il va professer la rhétorique.

Dans les premiers jours de mars 1792, il renonce à sa vie provinciale. Il a résolu de venir à Paris. Les études de médecine[1] l'atti-

la noblesse et du tiers état ne peuvent souvent la procurer aux leurs. » Ahun était vraisemblablement dotée d'une école primaire. L'enseignement secondaire était donné dans les collèges de Guéret et de Felletin, qui étaient deux établissements rivaux.

[1] Un des compatriotes de Vilate, le médecin Baraillon, venait d'être député à la Convention par le département de la Creuse. Jean-François Baraillon, médecin et membre de la Convention nationale, né le 12 janvier 1743, à Viersat (Creuse, arrondissement de Boussac). Docteur en 1766 de la faculté de Montpellier, membre correspondant de l'Académie de médecine en 1776, membre associé en 1778 ; médecin en chef de la généralité de Moulins en 1786. — Député à la Convention en 1792 par le département de la Creuse, il y débuta pour accuser le ministre Pache de malversations dans l'approvisionnement des armées. Dès les premiers jours de 1793, il apostropha Robespierre qui restait impassible à la tribune malgré les cris des Girondins et lui demanda s'il se croyait encore au 2 septembre. Au procès de Louis XVI il vota la détention et l'exil à la paix. Pendant toute la Terreur il ne parla qu'une fois, pour demander la suppression des loteries. Après le 9 thermidor, il dénonça les dilapidateurs des deniers publics, combattit les anarchistes, fit rejeter la proposition de remettre en vigueur la loi sur le *maximum* qui, dit-il, en tuant le commerce, avait organisé la famine. Il demanda le rapport de la loi sur le partage des biens communaux ; soigna les blessés du 13 vendémiaire. Au Conseil des Cinq-Cents, il attaqua le projet sur l'instruction primaire, puis l'organisation de l'Ecole polytechnique. Membre du Conseil des Anciens, du Corps législatif dont il devint président en 1801, il se retira en 1806 dans la

rent et la Révolution le séduit. Il est animé
« d'ivresse révolutionnaire[1] ». Il a senti son
« tendre cœur palpiter de joie à l'apparition de
la Révolution française, qui semblait devoir
procurer le bonheur au peuple le plus généreux
de l'Europe et donner à l'Univers l'initiative de
l'insurrection contre ses oppresseurs[2] ».

Il part avec joie. Il a dit adieu, sans beaucoup de regrets, semble-t-il, à la calme petite
ville provinciale où il est né, aux sites familiers
où il a vécu son enfance, à ses collèges. Deux
ans plus tard, en parlant d'Ahun, du passé
heureux, de l'existence sage et grave de sa jeunesse studieuse, il s'exprimera ainsi : « La
pureté des habitudes et l'innocence des mœurs
éloignent à peine les habitants de la simplicité
touchante de la nature. Mon enfance y a
recueilli le désir de la liberté et puisé le senti-

Creuse, à Chambon, où il ne s'occupa plus que de médecine et
d'archéologie. Mort en 1816.

[1] *Causes secrètes de la Révolution du 9 au 10 thermidor,
par Vilate, ex-juré au tribunal révolutionnaire de Paris*, p 175.
— Les *Causes secrètes* commencèrent à paraître en octobre 1794.
Je me suis servi pour l'analyse de ces écrits de l'édition
parue en 1825 dans la collection des Mémoires relatifs à la
Révolution française et connue sous le nom de « Collection Bau-
douin ».

[2] *Causes secrètes*, p. 175.

ment de l'égalité. Les années de ma jeunesse ont été employées aux études[1]. »

Fortes études classiques : du grec et du latin, Thucydide et Cicéron, Plutarque, Salluste, Tacite. Et toute l'histoire des peuples de l'antiquité. A l'âge où il faut aimer à regarder la vie, les sources de sa sensibilité sont déjà comme altérées par tant de littérature. Au collège de Bourges où il était élève, à ceux de Guéret et de Limoges où il était professeur, sa jeune imagination s'est enflammée à lire et à relire « l'histoire des peuples qui ont paru sur la terre ». Excellent élève, professeur studieux, travailleur passionné, doué d'une activité d'esprit dévorante et d'une mémoire bien exercée, il croit, à vingt-quatre ans, avoir pénétré les causes mystérieuses « de la naissance et de la décadence des empires ». Il admire « ces antiques Égyptiens, inventeurs des plus hautes sciences » et il se passionne pour les Grecs « si vantés par leur amour de la liberté ». Il compare Paris à Rome :

« Veuve d'un peuple-roi et reine encore du monde.

[1] *Causes secrètes*, p. 174

Au bruit des premières journées révolutionnaires, son « tendre cœur » a tressailli. Jusqu'alors, dans les froides cellules de ses collèges, comme au foyer de la maison familiale, il a vécu rêvant de Paris, et, dans Paris, de « cette tribune nationale, où la Vérité, à jamais fixée, devait citer tous les abus, tous les vices, tous les crimes ».

Lorsqu'il arrive à Paris, le 26 mars 1792, « plein d'ivresse révolutionnaire », Joachim Vilate est à la fois un jeune homme très enthousiaste et un jeune homme très ambitieux.

Il suit — assez irrégulièrement — les cours de l' « habile » Corvisart-Desmarets[1], professeur de médecine et ceux du « savant médecin » Baraillon, député. Il fréquente beaucoup plus assidûment les clubs révolutionnaires que les cours de médecine.

---

[1] Jean-Nicolas Corvisart-Desmarets, né à Vouziers (Ardennes) le 15 février 1755, mort à Courbevoie le 18 septembre 1821. Corvisart avait trente-sept ans lorsque Vilate vint suivre ses cours à l'hôpital de la Charité où il remplaçait Desbois de Rochefort. En 1795, lorsque l'Ecole de médecine fut créée, Corvisart fut désigné pour la chaire de clinique interne. Deux ans après, il était nommé professeur de médecine pratique au Collège de France. Il était célèbre par la sûreté de son diagnostic. Médecin du premier Consul, il fut créé baron par Napoléon. Membre de l'Institut en 1811 (Académie des Sciences).

« Je parus aux Jacobins et dans les assemblées générales. » Ainsi s'exprime-t-il.

Il ne paraît pas que là. Il aime à se montrer. Le 10 août 1792, il est parmi les assaillants, à l'attaque du château des Tuileries. Sa jolie silhouette fine, sa figure douce, son air de distinction, ses façons de petit-maître le font remarquer dans la foule disparate qui hurle et pille. Mais il n'aime pas les coups. Les violences, il les désapprouve. Ce n'est qu'en enthousiaste prudent qu'il collabore à la prise des Tuileries. En ce temps-là, son esprit est ailleurs. Il est tout à la composition d'une œuvre à laquelle il consacre ses veilles. C'est un plan d'éducation républicaine, dont, quatre mois plus tard, il fera hommage à la Convention nationale, par l'organe de Jean Bon Saint-André, alors secrétaire. L'Assemblée lui décréta une mention honorable.

Mais, surtout, il cherche une situation, la meilleure possible. L'enthousiasme révolutionnaire de son « tendre cœur » s'accorde très bien chez ce jeune provincial, épris d'idées nouvelles et admirateur de la république romaine, avec le goût de fonctions bien rétribuées qui, le mettant à l'abri de la médiocrité, lui permet-

tront de satisfaire tout en même temps et son
« amour brûlant de la patrie » et son « attachement sans bornes aux principes philanthropiques ».

Il a des amis, et qui s'occupent de lui. Ysabeau, député à la Convention, homme bienveil-
lant, entouré de sympathies, se l'attache en
qualité de secrétaire.

Ysabeau vient d'être chargé d'une mission
dans le Sud-Ouest. « Le 10 mars de l'année 1793,
écrit Vilate[1], j'accompagnai, comme secrétaire
de la commission, Ysabeau et Neveu, représentants du peuple, envoyés dans le Midi. Dans ces
contrées, le système du *fédéralisme* se développait
d'une manière effrayante. Que de périls ! que
de dangers ! que d'écueils ! »

L'adroit jeune homme sut éviter ces écueils
et échapper à ces périls. « Le flambeau de la
guerre civile était allumé à Bordeaux, lorsqu'on
insinua à Ysabeau et à Neveu de m'envoyer
dans cette ville, pour y sonder l'opinion et d'en
rendre compte ensuite au Comité de Salut
public. Les esprits bordelais étaient tellement

[1] *Causes secrètes.*

échauffés que, sans les avertissements de Laïs[1], j'aurais cessé d'exister. Je me hâtai d'arriver à Paris... »

De son propre aveu, il a donc été, à Bordeaux, l'espion du Comité de Salut public. Il fut bien payé des services rendus.

« Deux objets particulièrement m'ont fait connaître. D'abord, une adresse au nom des sans-culottes méridionaux ; le Comité de Salut public l'a fait imprimer et répandre avec profusion. En second lieu, le rapport fait à ce comité sur la situation politique des départements parcourus. Hérault-Séchelles, Couthon et Barère furent les seuls membres alors présents. Barère me marqua le plus d'honnêtetés ; il m'engagea à l'aller voir et me reçut avec amitié. On m'avait parlé de récompense pécu-

[1] François Lay, dit Laïs, célèbre acteur de l'Opéra français, était né à La Barthe, bourg de l'ancien pays de Comminges. Il avait, en 1779, débuté à l'Opéra de Paris comme chanteur dans un rôle accessoire de l'*Union de l'amour et des arts*. Sa belle voix de baryton avait été remarquée. Il adopta avec enthousiasme les principes de la Révolution et fut envoyé en mission de propagande dans les départements du Midi en 1793. A Bordeaux, il se montra l'adversaire des Girondins (qui venaient de succomber). Il faillit être victime de cette attitude et n'eut que le temps de rentrer à Paris où il fit le rapport de sa mission à la Commune, entouré d'une députation des artistes de l'Opéra. Son discours fut très applaudi. Après le 9 thermidor, le public exigea de lui qu'il chantât l'hymne du *Réveil du peuple* chaque fois qu'il paraissait sur la scène. Il chanta jusqu'en 1822 à l'Opéra.

niaire ; je fis voir ma répugnance sur cette offre. C'était, disait-on, en attendant l'occasion de me présenter une place. Hérault et Barère me logent dans les Tuileries, au pavillon de Flore. »

Son enthousiasme est au comble et il peint, sans modération, les sentiments dont il fut transporté le jour où il s'installa dans son nouveau logis.

« Que l'on se peigne ma joie d'être logé dans le palais de l'Assemblée [1] du plus grand peuple de l'Univers; j'avais concouru de mes faibles armes, dans la journée immortelle du 10 août, au triomphe éclatant remporté sur l'héritier d'une monarchie de quinze siècles. La vue qu'offre l'appartement est admirable. Il serait impossible de donner une idée de la beauté, de la grandeur d'un spectacle si brillant, si varié, si magnifique. En vérité, je me croyais transporté avec les Brutus, les Publicola, dans l'antique Capitole, après l'expulsion des Tarquins. Mes regards, comme forcés de tomber dans le jardin, s'arrêtaient avec illusion sur la belle

---

[1] La Convention nationale.

statue de Lucrèce frappée au sein d'un coup du poignard qu'elle tient encore dans la main[1]. »

Son bonheur fut assez vite troublé — il le dit, du moins, et nous pouvons l'en croire — lorsque le Comité de Salut public le mit sur la liste des jurés du Tribunal révolutionnaire. Le Comité entendait avoir partout des hommes à lui. Les rapports de Vilate, à son retour de Bordeaux, avaient été appréciés. Comme juré, il pouvait rendre de grands services.

Un logement dans le Palais National, un traitement confortable[2], des « facilités » de voir « chez eux » et à tout instant, les hommes politiques du jour, — il semble qu'il n'ait pas à se plaindre. Pourtant, il est triste.

« Cette fonction redoutable (de juré) me semblait exiger la maturité de l'âge et l'expérience des affaires politiques; de plus, elle n'était ni dans mes affections de sensibilité naturelle, ni dans mes goûts de travail. »

Il se demande à qui il doit cette place. A

---

[1] *Causes secrètes*, p. 176.

[2] Le traitement d'un juré au Tribunal révolutionnaire était de 18 livres par jour.

Robespierre? Non. Il ne l'a vu encore qu' « in-
différemment » aux Jacobins. Et Maximilien
était absent du Comité le jour où il a fait son
rapport sur la situation politique des départements du Midi. A Couthon? Il ne l'a pas revu
depuis. A Hérault de Séchelles? Hérault est incapable d'abuser de l'inexpérience d'un jeune
homme. Et la pensée lui vient que c'est « un
présent » de Barère[1].

Vilate, donc, se rend au Comité pour voir
Barère et lui « confier sa peine ». En parcou-
rant les galeries, il achète la tragédie de
Mahomet, qu'il tient roulée dans la main. Il
rencontre Barère. Le représentant du peuple
est seul. Il a l'air absorbé. Il s'apprête à composer une carmagnole[2]. Vilate l'aborde et entre
en propos. Barère écoute, d'abord, sans
répondre; mais, apercevant la brochure, il
demande au jeune homme si c'est là quelque
œuvre de sa façon; il l'ouvre et la lui rend;
puis, sans transition, il l'exhorte à vaincre ses
répugnances. Il reprend des mains de Vilate la

[1] *Causes secrètes.* p. 177.
[2] Barère appelait ainsi les rapports qu'il faisait sur les victoires
des armées républicaines.

tragédie de *Mahomet* et déclame à voix basse :

« Chaque peuple à son tour a brillé sur la terre
Par les lois, par les arts et surtout par la guerre ;
. . . .
Il faut un nouveau culte, il faut de nouveaux fers ;
Il faut un nouveau Dieu pour l'aveugle Univers. »

Paraît Robespierre. Barère ferme la brochure avec embarras. Robespierre semble se rappeler qu'il a entrevu quelque part la figure de Vilate. Il demande : « Quel est ce jeune homme? » Il est des nôtres, répond Barère, c'est *Sempronius Gracchus.* »

J'avais eu la folie révolutionnaire, dit Vilate dans ses *Causes secrètes*, de cacher l'obscurité du nom de mes pères sous l'éclat d'un nom illustre de l'histoire romaine.

— Sempronius Gracchus, des nôtres? réplique Robespierre. Vous n'avez donc pas lu le *Traité des offices*? L'aristocrate Cicéron, afin de rendre odieux le projet des deux Gracques, exalte les vertus du père et traite les enfants de « séditieux ». Et il s'éloigne.

« Je me retirai une minute après, ajoute modestement Sempronius Gracchus Vilate. »

Mais, depuis ce jour, le surnom lui resta.

Dès lors, sous les apparences d'une gaîté juvénile et d'un caractère enjoué, il va poursuivre « l'étude d'observation » (le mot est de lui), qui est son unique raison d'être aux Tuileries comme au Palais de Justice. Il affectera, dans sa toilette, les recherches d'un *muscadin;* il aimera, comme Barère, la société des femmes; il fréquentera les artistes, les acteurs, les littérateurs. Et, partout, sous l'aspect d'une fausse frivolité, d'une jeunesse enthousiaste et inexpérimentée, il sera l'œil qui guette, l'oreille qui écoute, la mémoire qui retient, la bouche qui rapporte.

Il a ses entrées au Comité de Salut public, à la Convention et chez des représentants du peuple. Les loges de plusieurs théâtres lui sont ouvertes. Il aime le spectacle; il a des goûts artistiques et littéraires. « Ces avantages me firent rechercher, m'introduisirent dans les sociétés brillantes et me donnèrent la connaissance des premiers artistes, de plusieurs représentants des plus distingués. »

Chez le restaurateur Venua, chez Méot, dans la fameuse chambre rouge, il dîne avec Barère, avec Vadier et même avec Saint-Just. Il est l'hôte familier de Camille Desmoulins, qui « daigne lui lire quelquefois ses ouvrages avant de les livrer à l'impression ». Il voit, chez M.-J. Chénier, Palissot, l'auteur de la comédie des *Philosophes* ; aux Jacobins, David avec qui il aime à s'entretenir ; au Jardin des Plantes, l'habile peintre Fournier.

Barère l'emmène fréquemment à Clichy, dans sa maison de plaisance, « séjour des jeux de l'amour ». Deux fois par décade, Vadier et Vouland [1] s'y rendaient avec lui. Bonnefoi, « l'enjouée Bonnefoi », y accompagnait Dupin « aussi fameux dans sa coterie par sa cuisine de fermier général qu'il l'est dans la Révolution par

---

[1] Vadier, conventionnel, né en 1736 mort à Bruxelles en 1828. Envoyé par le département de l'Ariège à la Convention, il vota la mort du roi sans appel ni sursis. Il attaqua avec violence les Girondins, Camille Desmoulins, Danton. Membre du Comité de Sûreté générale il conçut avec Amar, Vouland, Fouquier-Tinville l'idée des conspirations des prisons. Nous verrons par la suite de ce récit l'hostilité qu'il déploya contre Robespierre qu'il dénonça dans l'affaire de Catherine Théot. — Vouland, conventionnel, né en 1750, mort en 1802. Envoyé aux États généraux par le tiers état du Languedoc. Représentant du Gard à la Convention, il vota la mort de Louis XVI, concourut à la chute des Girondins et présida la Convention du 7 au 21 décembre 1793. Il siégea un an au Comité de Sûreté générale du 14 septembre 1793 au 1er septembre 1794. Dans la séance du 9 thermidor an II il fit décréter la mise hors la loi de Robespierre : mais son influence au comité ne survécut pas à la victoire des thermidoriens. Il le quitta, fut arrêté, amnistié et traîna jusqu'à sa mort une vie misérable et obscure.

son rapport sur les fermiers généraux. » Dupin
avait cédé à Barère sa maîtresse, la Demahi,
logée dans un superbe hôtel, rue de la Loi [1]. La
Demahi et la Bonnefoi « avec une autre plus
belle et plus jeune, dit Vilate, étaient les trois
grâces qui embellissaient de leurs attraits les
charmilles délicieuses à l'ombre desquelles les
premiers législateurs du monde dressaient leurs
listes de proscription ». Vadier et Dupin « qui
étaient tendres » et qui aimaient les farces, servaient de bouffons à ces jeunes hommes graves et
à ces belles jeunes femmes. « Le vieux Vadier,
dit Vilate, se mêlait aussi des jeux perfides de
l'amour; le laid Vulcain, dans l'Olympe, ne
fut jamais davantage l'objet des sarcasmes et
des railleries. »

Plus de célibat; plus de contrainte. Depuis
que l'humble professeur de Saint-Gautier a tro-
qué le costume ecclésiastique contre l'élégante
toilette du muscadin, il se sent un autre homme.
Il a une maîtresse. C'est cette très jolie femme
« aux cheveux du plus beau noir », au teint
« de lys et de roses, varié d'attraits et de

[1] Aujourd'hui rue de Richelieu.

charmes » qui accompagne la Bonnefoi et la Demahi chez Barère, à Clichy, et qui « plus jeune et plus belle » que les deux courtisanes à la mode, « Galathées qui se piquent de tenir le sceptre de la toilette », apparaît. çà et là, dans les récits de Vilate « folle de gaîté, brillante d'attraits », accompagnée, ainsi que Vénus l'est de l'Amour « d'un enfant plein d'intérêt ».

La maison de Valet de Villeneuve, trésorier de la Commune de Paris, rue Jean-Jacques Rousseau, lui est ouverte. Il y dîne et il y retrouve Barère, Dupin, Jarente l'ex-évêque d'Orléans « neveu du ministre de la feuille des bénéfices ». La femme de Villeneuve, « image vivante de la vertu, est, dit Vilate, l'honneur des mœurs antiques : vêtue et coiffée avec cette simplicité des âmes pures qui sont restées près de la nature, elle offrait ce mélange de candeur naïve des premiers temps et du bon ton des meilleures sociétés. On ne l'abordait point, on ne la quittait point sans le sentiment de la plus profonde vénération. Deux enfants, d'environ dix-huit ans (qu'on aurait cru jumeaux tant ils se ressemblaient) bien faits, beaux, réservés et décents, augmentaient par leur belle éducation

l'estime et le respect qu'inspiraient leurs père
et mère : cette famille était un phénomène au
milieu des désastres de la Révolution et de la
corruption des mœurs [1] ».

Le dîner fini, la compagnie passée au salon,
le législateur Dupin fait ses farces. La tête couverte d'une serviette en forme de capuchon,
rendu méconnaissable par une longue barbe
blanche postiche, le corps enveloppé d'une
robe de bernardin pendante jusqu'au bout des
doigts, monté sur un fauteuil, entouré de
tablettes comme s'il était à la tribune, il débite
des discours incohérents et burlesques.

Vilate ne nous dit pas comment Villeneuve,
cet homme grave qui devait, peu après, se sui-
cider pour échapper à la guillotine, comment
son épouse, cette image vivante de la vertu,
accueillaient les bouffonneries de Dupin.

Il a l'esprit observateur et le don d'écrire. Il
juge les hommes dont il approche. Les portraits qu'il nous en a laissés ont du relief.

« Robespierre avait dans ses mœurs une aus-

[1] Ne pas oublier que ceci a été écrit après le 9 thermidor et que
les *Causes secrètes* sont un mémoire justificatif de la conduite de
Vilate.

térité sombre et constante: rapportant les événements à sa personne, donnant à son nom de
Maximilien une importance mystérieuse. Triste,
soupçonneux, craintif, ne sortant qu'accompagné de deux ou trois sentinelles vigilantes;
l'entrée de son logement lugubre; n'aimant
point à être regardé, fixant ses ennemis avec
fureur; se promenant chaque jour deux heures
avec une marche précipitée; vêtu, coiffé élé-
gamment (à l'oiseau royal). La fille de son hôte
passait pour sa femme et avait une sorte d'empire sur lui. Sobre, laborieux, irascible, vindi-
catif, impérieux. Barère l'appelait le géant de
la Révolution : *mon génie étonné*, disait-il, *tremble
devant le sien.* »

« Barère formait un contraste parfait avec
Maximilien : léger, ouvert, caressant, aimant la
société, surtout celle des femmes; recherchant
le luxe et sachant dépenser. Dans l'ancien
régime, il avait désiré de passer pour gentil-
homme. Le sobriquet de *Vieuzac* ne flattait pas
peu son amour-propre. Varié comme le camé-
léon, changeant d'opinion comme de costume;
tour à tour feuillant, jacobin, aristocrate, royaliste, modéré, révolutionnaire, cruel, atroce par

faiblesse, intempérant par habitude, selon la
difficulté de ses digestions ; athée le soir, déiste
le matin ; né sans génie, sans vues politiques :
effleurant tout ; ayant pour unique talent une
facilité prodigieuse de rédaction. Avait-il un
sujet à traiter, il s'approchait de Robespierre,
Hérault, Saint-Just, etc., escamotait à chacun
ses idées, paraissait ensuite à la tribune ; tous
étaient surpris de voir ressortir leurs pensées
comme dans un miroir fidèle[1]. »

Son antichambre est encombrée de sollici-
teurs avec des pétitions à la main qui attendent
l'heure de son « heureux réveil ». Il paraît,
« enveloppé de la robe d'un sybarite » ; il
recueille « avec les manières et les grâces d'un
petit-maître les placets qu'on lui présente, commençant par les femmes et distribuant des
galanteries aux plus jolies ». Les promesses, il
les prodigue et puis il rentre gaîment dans son
cabinet. Il jette au feu la poignée de papiers
qu'il vient de recueillir : « Voilà ma correspondance faite[2]. »

Quelquefois, Vouland est là qui, muet,

---

[1] *Causes secrètes.* p. 183.

approuve « d'un petit sourire doucereux et perfide ».

Et voici les portraits que Vilate a tracés de
Billaud-Varenne et de Collot d'Herbois :

« Billaud-Varenne, bilieux, inquiet, faux,
pétri d'hypocrisie monacale, se laisse pénétrer
par ses efforts mêmes à se rendre impénétrable,
ayant toute la lenteur du crime qu'il médite et
l'énergie concentrée pour le commettre. Bas,
rampant, implacable. Son ambition ne peut
souffrir de rivaux. Morne, silencieux, les regards
vacillants et convulsifs, marchant comme à la
dérobée. Sa figure au teint pâle, froide, sinistre
montre les symptômes d'un esprit aliéné. »

« Collot d'Herbois, sensible, enthousiaste,
facile, se passionne pour les idées grandes,
élevées. Cruel, il croit être humain. Son âme
varie comme son jeu sur le théâtre et à la tribune. Enclin à la débauche, passionné pour les
femmes, sans choix, violent, colère, emporté, air
de vérité ; son visage quelquefois enflammé, selon
la fougue de ses passions. Peut-être eût-il été
juste, compatissant, si la mauvaise compagnie ne
l'eût rendu plus féroce que le tigre et le lion[1]. »

[1] *Causes secrètes.* p. 230.

L'influence de Vilate dans les Comités le fait rechercher de bien des gens. Lorsque le médecin Baraillon, représentant du peuple, qui ne peut aborder les membres du Comité de Salut public, veut un passeport pour aller dans son département y soutenir un important procès, c'est à Vilate qu'il s'adresse. En vain d'ailleurs, cette fois, car la réponse de Robespierre est celle-ci : « Les députés doivent rester à leur poste » et celle de Collot, la suivante : « Point d'affaires particulières. »

CHAPITRE II

Un matin d'automne, le jeudi 3 octobre 1793, Vilate se hâtait vers le Palais de Justice. Huit heures allaient sonner. Il avait été convoqué, la veille, par les soins de Tirrard, huissier audiencier du Tribunal révolutionnaire. Il figurait, ce jour-là, au nombre des citoyens composant le tableau des *jurés de jugement* qui auraient à se déclarer sur l'acte d'accusation lorsqu'on le leur communiquerait « dans le lieu à ce destiné au tribunal, séant au Palais où siégeait ci-devant le tribunal de cassation ».

Depuis sa nomination [1], c'était la première fois que le « sensible » Vilate allait siéger au Tribunal. Peut-être serait-il récusé. Des pensers troubles agitaient son âme. Des réflexions cruelles altéraient son habituelle sérénité. Il lui semblait marcher en quelque sorte dans les ténèbres. Il allait devenir un des pourvoyeurs de la guillotine, de cette guillotine qu'on « chantait en tous lieux ». « Le nom de *sainte* semblait atténuer son horreur [2] ». Il contemplait avec mélancolie les nuages rapides qui, courant dans le ciel, donnaient à la lumière du jour tantôt le charme d'un sourire, tantôt la tristesse d'un deuil. Et son cœur était agité de sentiments contraires, car, s'il s'apercevait des écueils dangereux, du moins il se sentait acteur dans le drame révolutionnaire, lui, Vilate, surnommé Sempronius Gracchus.

En arrivant au Tribunal, il trouve les jurés

[1] Décret du 28 septembre 1793 l'an second de la République française contenant la liste des juges et des jurés comprenant les 4 sections du tribunal criminel révolutionnaire (*Moniteur* du 30 septembre). — Le nombre des jurés était de soixante.

[2] *Causes secrètes*, p. 179. Dans un autre passage de ses mémoires Vilate raconte qu'un jour Barère, entrant dans la boutique d'un faïencer, vis-à-vis Saint-Roch, répondit à ceux qui le plaignaient d'être accablé de travaux : « La guillotine fait tout, c'est elle qui gouverne. » Dupin, au dire de Vilate, appréciait ainsi l'œuvre de la guillotine : « Elle est meilleure financière que Cambon. »

que Tirrard a convoqués avec lui. Ce sont :
le maire de Coulommiers, Le Roy, ex-marquis
de Montflabert, surnommé *Dix-Août*; Duplay
père, le menuisier de la rue Saint-Honoré chez
qui loge Robespierre; le tailleur Aubry; Prieur,
le peintre d'histoire; Lohier, l'épicier de la
rue Saint-André-des-Arcs; Gravier, le vinaigrier, un Lyonnais; Bécu, un médecin de Lille;
Léonard Petit-Tressin, de Marseille; d'autres
encore, Garnier, Martin, Dufour, Mercier.

Neuf heures sonnent; l'auditoire est ouvert
au public; le tribunal entre.

Il se compose de Dumas, vice-président, faisant fonctions de président à la place d'Herman,
empêché, et des juges Foucault, Dobsens, Ra-
gmey.

Fouquier-Tinville n'occupe pas, ce jour-là, le
siège de l'accusateur public. C'est Naulin qui
le remplace, un assez brave homme, dont la
bienveillance tentera, plusieurs fois, pendant
la durée de ses fonctions, de sauver plusieurs
accusés; Naulin qui, mis en jugement après
le 9 thermidor, sera acquitté, tandis que
Fouquier-Tinville s'entendra condamner à
mort.

Six accusés sont introduits à la barre, « libres et sans fers », placés de manière à être aperçus de tous ; six Flamands, des gens d'Hazebrouck, lourds et placides cultivateurs qui regardent, stupides, le président, les juges, l'accusateur public : François Mackercel, soixante-trois ans, Pierre Taffin, vingt-deux ans, Pierre Sautrin, cinquante-trois ans ; François Leurwers, vingt-six ans ; François Broigne, cinquante et un ans ; François Delrue, quarante-trois ans.

L'accusation produit vingt-deux témoins, des hommes d'Hazebrouck, aux noms rudes que le commis greffier Tavernier a bien de la peine à noter : Louis Isvemberk, Pierre Vaupepers-traete, Silvestre Boone, Joseph Ruissen, Jacques Beck, Matheus Mackre, etc.

Ils entrent, accompagnés de Guillot, défenseur officieux des accusés.

Ceux-ci, quelque temps auparavant, avaient pris pour défenseur le citoyen Granier, homme de loi, rue du Chantre, à l'hôtel de Washington. D'avance, le citoyen avait touché un acompte de 150 livres et n'avait plus donné signe de vie à ses clients. Ils lui avaient écrit lettres sur lettres ; ils commençaient à désespérer d'être défendus quand, la veille de l'audience, ils avaient reçu de Granier l'avis qu'il viendrait les assister. Il n'était pas venu. Le citoyen Guillot avait été désigné comme conseil officieux.

Entrent les jurés. Plusieurs de ceux qui avaient été convoqués la veille ont été récusés et remplacés. Vilate n'est pas de ce nombre. Il va siéger avec le peintre Prieur, avec Camus, Martin, Duplay, Aubry, Garnier, Bernard, Mercier, Billion, l'épicier Lohier et Benoît Trey, un tailleur d'habits, né à Busmanshausen (Souabe), domicilié en France depuis dix ans.

Vilate est de beaucoup le plus jeune des jurés. Sa jeunesse étonne un peu et la distinction de ses manières le fait très remarquer. On sait qu'il a donné des gages au parti montagnard qu'il fréquente assidûment le Comité du Salut public, que Barère est son ami, qu'il a été dans les ordres et qu'il est très instruit.

Le président Dumas fait prêter serment, individuellement, à chacun des jurés qui prennent place, dans l'auditoire, face aux accusés. Il demande à ceux-ci leur nom, leur âge, leur profession, leur domicile. Il les avertit d'être

attentifs. Il ordonne au greffier Tavernier de lire
l'acte d'accusation.

Le 24 mars précédent, le bataillon de la
garde nationale de la section extérieure d'Hazebrouck avait été convoqué pour fournir le
contingent des citoyens appelés à marcher en
Brabant.

Ce même jour, la municipalité d'Hazebrouck
tenait séance permanente dans l'église parois-
siale, lorsqu'on annonça l'arrivée d'une troupe
hurlante qui entrait en ville par différents chemins. Elle se composait de gens de la campagne,
cultivateurs et manœuvres, armés de lourds
bâtons ferrés. Ils avaient fait de fréquentes sta-
tions dans les cabarets. Des femmes s'étaient
jointes à eux. Leur nombre grossissait. Lorsqu'ils étaient arrivés sur la place d'Hazebrouck,
vers trois heures de l'après-midi, ils étaient
environ trois cents. Ils avaient alors assailli le
poste et le magasin d'armes, cherchant à
désarmer les gardes nationaux et à piller le
magasin. Après une lutte très vive, les administrateurs du district, le juge de paix, le commandant de la ville avaient pu rester maîtres de la
place. Plusieurs des émeutiers avaient été

arrêtés. Parmi eux, Mackereel et Leurwers s'étaient signalés par leurs violences.

« Voilà de quoi vous êtes accusés, dit le président. Vous allez entendre les charges qui vont être produites contre vous. »

Les accusés demeurent impassibles. Ils regardent tour à tour le président, le tribunal, les jurés, le public. Leurs lourdes mains de travailleurs ne tremblent pas sur leurs genoux osseux. Aucun muscle de leur face ne tressaille. Ils sont immobiles; ils ont l'air de ne rien comprendre.

On s'aperçoit alors qu'ils ne savent pas le français. Le tribunal nomme un interprète, le citoyen Vogt. Les débats commencent. Au bout de peu de temps, Vogt déclare qu'il ne comprend rien à l'idiome des témoins « qui est un mauvais flamand ».

Deux citoyens se trouvent dans l'auditoire qui s'offrent comme interprètes. Ils s'assurent que les accusés peuvent les entendre et qu'ils peuvent entendre ceux-ci. Ils justifient de leurs cartes civiques. Ils prêtent le serment.

Le président fait prêter le serment aux témoins, au défenseur : « Vous jurez et promettez de parler sans haine ni crainte, de dire la vérité, toute la vérité et rien que la vérité. »

Les dépositions commencent.

Quatre témoins sont entendus. Naulin, substitut de l'accusateur public, fait observer que le citoyen Granier, choisi et payé par les accusés pour les défendre, avait leurs papiers. Le tribunal ordonne que Granier sera amené par un huissier du tribunal.

Il est deux heures de l'après-midi. La séance est suspendue jusqu'à cinq heures.

Les jurés descendent à la buvette, Vilate aussi. Sa santé délicate l'oblige à des ménagements. Tandis que plusieurs boivent de l'eau-de-vie, lui ne prend que du lait.

A cinq heures, l'auditoire est de nouveau, ouvert au public. Le tribunal fait son entrée. Les accusés sont introduits et les débats recommencent. Granier reste introuvable. Le tribunal, sur réquisitoire de l'accusateur public, ordonne qu'il sera amené de gré ou de force, le lendemain, à quatre heures de l'après-midi. C'est Guillot, défenseur officieux, qui assiste, tant bien que mal, les hommes d'Hazebrouck.

A dix heures et demie du soir, la séance est

levée. Elle recommence, le lendemain soir, à six heures. L'accusateur public annonce au tribunal que Granier est dans la salle. Il est amené. On entend ses excuses et, sur réquisitoire de Naulin, ordre lui est donné de remettre à Guillot les pièces du procès. Quant à la restitution des honoraires qu'il a reçus, « le tribunal s'en rapporte à sa délicatesse ». Il est invité à se joindre à son confrère pour la défense des accusés. Il s'assied à côté de lui et les débats recommencent. A la fin de chaque déposition, le président demande aux accusés s'ils ont à y répondre. L'accusateur public, les juges, les jurés, les accusés, par l'organe des interprètes, les avocats font leurs observations. Lorsque tous les témoins ont été entendus, l'accusateur public prononce son réquisitoire. Après lui, le citoyen Guillot présente la défense. Le président fait un résumé de l'affaire. Il la réduit aux points les plus simples : il fait remarquer aux jurés tous les faits et preuves de nature à fixer leur attention tant en faveur que contre les accusés.

Il rédige, sur l'avis du tribunal, les questions de fait sur lesquelles les jurés auront à se prononcer. Il les leur remet dans l'ordre où ils

doivent en délibérer. Il leur remet en même
temps l'acte d'accusation, les autres pièces et
procès-verbaux, en exceptant la déclaration
écrite des témoins.

Les jurés se retirent dans leur chambre de
délibération. Le président fait sortir les accusés.
Le tribunal reste à l'audience.

Cette délibération terminée, le chef des
jurés fait avertir le président qu'ils sont prêts à
donner leur déclaration. Ils entrent. Chacun
d'eux reprend sa place ; le président les appelle
l'un après l'autre. La déclaration du jury terminée, les accusés sont réintroduits. Le président leur donne connaissance de cette déclaration qui est négative relativement à leur culpabilité ; il prononce l'ordonnance qui les
acquitte[1].

La décade suivante, le vingtième jour du
premier mois de l'an II (11 octobre 1793),
Vilate siège comme juré dans l'affaire d'un ancien instituteur, Jean-Jacques Barbot, accusé
d'avoir « méchamment et à dessein » entretenu
une correspondance contre-révolutionnaire avec

[1] Archives nationales, série W. 289, n° 163.

ses amis de Blois, Dinochau et Legros. Les lettres de Barbot, interceptées par le Comité de Salut public de Loir-et-Cher, avaient été envoyées à celui de Paris. L'ancien instituteur n'y cachait pas sa façon de penser sur les événements de la Révolution. Il rendait grâces à « l'estimable section des Champs-Élysées qui demandait la destitution de la commune de Paris » ; il réclamait l'examen de sa conduite et de l'emploi des fonds qu'elle avait reçus. Il dénonçait les « attentats projetés contre la Convention nationale » ; il se félicitait du décret en vertu duquel les assemblées des sections devaient être closes tous les soirs à dix heures, « décret rendu à la majorité, quoique violemment combattu par Danton, Marat, Legendre, Thirion, etc. Ce décret, écrivait Barbot, doit être publié, ce matin, dans tous les quartiers de Paris, à la grande stupéfaction de tous les honnêtes gens qui sont enfin debout à leur tour et qui vont bientôt faire asseoir tous les maratistes ». Le comité de Blois et celui de Paris avaient senti « la nécessité d'une visite domiciliaire chez ce royaliste, ce contre-révolutionnaire déguisé, afin de s'assurer de ses papiers ». Il avait été privé de la liberté, « dont il ne pouvait faire qu'un très mauvais usage ». Incarcéré d'abord à l'Abbaye, Barbot, qui souffrait de la pierre, avait obtenu d'être transféré à l'infirmerie de la Force où Souberbielle, le chirurgien, juré au Tribunal comme Vilate, était venu le sonder.

Naulin, substitut de l'accusateur public, requiert la peine de mort, conformément à la loi du 16 décembre 1792, aux termes de laquelle « quiconque proposera ou tentera de rompre l'unité de la République française ou d'en détacher des parties intégrantes pour les unir à un territoire étranger sera puni de mort ».

Défendu par Chauveau-Lagarde, qui fit observer son misérable état de santé, Barbot fut condamné à mort[1].

Dénoncé comme contre-révolutionnaire par des voisins avec qui il était en contestations pour « quelques pieds d'arbres », Rémy Martin, bûcheron, vigneron et premier officier municipal de la commune de Champcueil (district de Corbeil), avait été arrêté, transféré à Paris et incarcéré à la Conciergerie. Dans son interro-

[1] Archives nationales, W 290, n° 177.

gatoire il se défend d'avoir « cherché par ses discours à anéantir la Convention nationale ». Il n'a pas dit qu'il irait à Paris et que « si on voulait l'en croire on mettrait la Convention sens dessus dessous ». Il n'a jamais désiré « le retour des seigneurs ». Il est, au contraire, prêt à verser son sang pour se battre contre eux. Loin de lui la pensée d'avoir « voulu se torcher le derrière avec des municipalités, des écharpes, des districts et même avec la Convention ». Il connaît ses dénonciateurs et il les nomme. Il est en procès avec eux. Il les met au défi de faire la preuve de leurs calomnies. Il se réserve de les poursuivre devant les juges compétents.

Les jurés Vilate, Aubry, Dufour, Duplay, Camus, Auvray, Prieur, Bernard, Pigeot et Mercier déclarent Rémy Martin coupable de « provocations à la dissolution de la représentation nationale ». Le cultivateur est envoyé à l'échafaud [1].

Ils ne sont pas plus tendres pour le canonnier Janson (Pierre-Claude) qui comparaît devant le Tribunal le même jour que Rémy

---

[1] Archives nationales. W 292, n° 196.

Martin. Janson, le mois précédent, s'était trouvé avec des camarades dans un cabaret de la barrière d'Enfer. Il avait beaucoup bu « tout le jour et même la veille », de son propre aveu. Il avait tenu les propos les plus contre-révolutionnaires, tels que ceux-ci : « La Convention est composée d'un tas de gueux et la reine est une brave femme. Je ne demande pas d'habit ; mais si j'avais eu mon sabre, on aurait eu beau jeu le soir de l'exécution de la veuve Capet. On aurait entendu parler de moi. Je me suis enivré pour cette même cause et je me f... de ma boule. Il n'y a ni honneur ni profit d'aller se battre pour la République. La pension qu'on fait aux militaires estropiés ne durera pas dix ans. Mes parents sont à Lyon, directeurs du spectacle. La République s'est emparée de ma fortune. La Patrie s'empare de tout et ne rend rien. »

L'excuse du vin ne peut être admise « attendu qu'un patriote est patriote même dans le vin, qu'il n'y a que les aristocrates et contre-révolutionnaires qui déguisent leurs sentiments et les laissent échapper dans l'ivresse ». Janson est condamné à mort[1].

[1] Archives nationales, W 292, n° 197.

Ce jour-là, 3 brumaire (24 octobre), commençait le procès des Girondins, qui ne se termina que le 9. Vilate assista en curieux aux débats. Il nous a laissé le récit du jugement des vingt et un députés.

« J'observai que j'étais assis, avec Camille Desmoulins, sur le banc placé devant la table des jurés. Ceux-ci revenant des opinions, Camille s'avance pour parler à Antonelle qui rentrait l'un des derniers. Surpris de l'altération de sa figure, il lui dit assez haut : « Ah ! mon Dieu, je te plains bien, ce sont des fonctions bien terribles » ; puis, entendant la déclaration du jury, il se jette tout à coup dans mes bras, s'agitant, se tourmentant : « Ah ! mon Dieu, mon Dieu ! c'est moi qui les tue : mon Brissot dévoilé ! ah ! mon Dieu ! c'est ce qui les tue ! » A mesure que les accusés rentrent pour entendre leur jugement, les regards se retournent vers eux. Le silence le plus profond régnait dans toute la salle. L'accusateur public conclut à la peine de mort. L'infortuné Camille, défait, perdant l'usage de ses sens, laissait échapper ces mots : « Je m'en vais, je m'en vais, je veux m'en aller. » Il ne pouvait sortir.

« A peine ce mot fatal, *mort*, est prononcé, Brissot laissa tomber ses bras ; sa tête se penche subitement sur sa poitrine ; Gensonné, pâle et tremblant, demande la parole sur l'application de la loi ; il dit des mots qu'on n'entend pas ; Boileau étonné, élevant en l'air son chapeau, s'écrie : « Je suis innocent. » Se tournant vers le peuple, il l'invoque avec véhémence. Les accusés se lèvent spontanément : Nous sommes innocents ! Peuple, on vous trompe. » Le peuple reste immobile ; les gendarmes les serrent et les font asseoir. Valazé tire de sa poitrine son stylet et se l'enfonce dans le cœur ; il expire, renversé. Sillery laisse tomber ses deux béquilles, en s'écriant, le visage plein de joie et se frottant les mains : « Ce jour est le plus beau de ma vie. L'heure avancée de la nuit, les flambeaux allumés, les juges et le public fatigués d'une longue séance (il était minuit), tout donnait à cette scène un caractère sombre, imposant et terrible. La nature souffrait dans toutes ses affections. Camille Desmoulins se trouvait plus mal.

« Boyer Fonfrède se retourna vers Ducos, l'entrelaçant de ses bras : « Mon ami, c'est moi

qui te donne la mort. » Son visage était baigné de
larmes ; Ducos, le serrant dans les siens : « Mon
ami, console-toi, nous mourrons ensemble. »
L'abbé Fauchet, abattu, semblait demander
pardon à Dieu ; Lasource contrastait avec
Duprat, respirant le courage et l'énergie ; Carra
conservait son air de dureté ; Vergniaud
paraissait ennuyé de la longueur d'un spectacle
si déchirant. On remarquait, en général, la
sérénité, le calme, sur les autres condamnés.
Tous sortirent sans avoir fini d'entendre le
jugement : quelques-uns d'eux jetant, comme
on sait, des assignats au peuple qui murmure.

« Avec quelle force ces vingt et une victimes
chantèrent toute la nuit et, en allant au supplice l'hymne parodiée des Marseillais (la Mar-
seillaise)! Mais, on ignore les dernières paroles
de l'aimable Ducos, descendant de l'infâme
charrette : « Il n'y a plus qu'un moyen, disait-
il, pour nous sauver. » — « Quel est-il ? » reprit
Fonfrède. Il répliqua : « Demander à la Convention le décret de l'unité et de l'indivisibilité
des têtes [1]. »

[1] Vilate. *Causes secrètes*, p. 305 et suiv.

*
* *

Lorsque Gaspard Jean-Baptiste Brunet, général de division, ci-devant commandant en chef de l'armée d'Italie, parut devant le Tribunal révolutionnaire, le 24 brumaire, et qu'il s'entendit accuser d'avoir, « sous le masque d'une popularité hypocrite, à l'instar des infàmes généraux dont les noms, indignes d'être rappelés, souilleront à jamais les fastes de l'histoire de la Révolution », il demeura de marbre et rien, dans son attitude de soldat, ne trahit l'émotion.

En réalité, il était accusé d'avoir refusé une partie de son armée aux réquisitions de Fréron et de Barras pour marcher contre Toulon et contre Marseille qui refusaient de reconnaître la révolution du 31 mai. Il était, ainsi, rendu responsable de la perte de Toulon et de « l'assassinat d'une foule incalculable de patriotes ». Pour sa défense, le général Brunet invoquait l'impossibilité où il avait été de distraire de son armée les troupes requises, sans l'affaiblir et sans donner occasion aux Piémontais de reprendre le comté de Nice et de pénétrer ensuite sur le territoire français.

L'unique question posée aux jurés fut celle-ci : « A-t-il existé une conspiration infâme contre l'unité, l'indivisibilité de la République, la liberté et la sûreté du peuple français? » Vilate, Faineau, Souberbielle, Pigeot, Lumière, Topino-Lebrun, Aigoin, Mercier, Bénard, Petit, Baron et Picard répondirent à l'unanimité par l'affirmative. Le général Brunet monta sur l'échafaud le lendemain [1].

Dénoncée comme ayant tenu des propros outrageants pour la Révolution, la citoyenne Notaire, marchande de jouets au Palais-Royal, comparaît le 7 frimaire devant le Tribunal où siège Vilate au banc des jurés. Elle a dit qu'il « était bien fâcheux que le roi fût mort; qu'il était affreux que l'on traitât la reine aussi mal à la Conciergerie ; qu'elle était couverte de vermine et qu'elle lui enverrait des chemises ». Des voisines ont vu un ruban blanc dans les cheveux de la citoyenne et même, parfois, une cocarde blanche au milieu de son ruban rose. Elle a craché sur l'habit d'un garde national et elle a vanté l'assassinat des patriotes « Marat

[1] Archives nationales, W 295, n° 245.

et Lepelletier de Saint-Fargeau. » Un jour qu'elle attendait dans la foule, au Palais de Justice, elle a montré un papier sur lequel était fixé un morceau de l'habit de Louis XVI.

Vilate et les autres jurés acquittent la citoyenne Notaire [1].

Pendant ce mois de frimaire, Vilate siège rarement au Tribunal : cinq fois, en tout. Sa santé souffre des rigueurs de la saison. Et, s'il faut l'en croire, sa « sensibilité, trop affectée du malheur d'être condamné à siéger », le tient éloigné du Palais de Justice. Il prétend encore « rester maître de sa conscience [2] ». Et sa conscience lui inspire des réflexions cruelles. « J'avais vu avec joie, avec délices, la destruction de la cour honteuse de Louis XVI et de l'archiduchesse d'Autriche, source corrompue des maux affreux de toute la France, et je voyais renaître, parmi les destructeurs de cette cour scandaleuse, les scènes nocturnes des jardins de Versailles et du petit Trianon [3]. »

[1] Archives nationales, **W** 297. n° 279.

[2] *Causes secrètes*, p. 249.

[3] *Ibid.*, p. 185. Vilate fait allusion aux promenades nocturnes de la cour sur la terrasse du château de Versailles, imaginées par le comte d'Artois. Ces divertissements d'été, qui eurent lieu en

Quand Vilate rencontrait Barère, l'imperturbable Gascon disait, en l'abordant avec gravité : « Bonjour, Vilate ; nous avons taillé hier de l'ouvrage au Tribunal ; il ne chômera pas. » Vouland et Vadier qui, souvent, accompagnaient Barère, regardaient alors le jeune juré ; ils souriaient de son attitude gênée en dépit de l'art avec lequel il s'appliquait à composer son personnage.

Le 9 frimaire (29 novembre), il est sur les

1777, 1778 et 1779 furent, de la part de la reine, des imprudences dangereuses. La méchanceté, la haine, la calomnie en firent des *nocturnales*. Mercy-Argenteau dit en 1777, dans sa correspondance : « Il s'était établi en dernier lieu, un nouveau genre d'amusement peu convenable, mais qui, heureusement, doit cesser avec la belle saison. Cet objet a été, depuis un mois, de faire établir vers dix heures du soir, sur la grande terrasse des jardins de Versailles, les bandes de musique de la garde française et suisse. Une foule de monde, sans en excepter le peuple de Versailles, se rendait sur cette terrasse et la famille royale se promenait au milieu de cette cohue, sans suite et presque déguisée. Quelquefois, la reine et les princesses royales étaient ensemble ; quelquefois aussi elles se promenaient séparément, prenant une seule de leurs dames sous le bras. De pareilles promenades — surtout pour la reine — pouvaient produire de grands inconvénients. C'est toujours Monsieur le comte d'Artois qui est le promoteur de ces amusements déplacés... » Le 18 août 1777, Mercy dit encore : « La reine et les princesses ses sœurs ont repris l'habitude de se promener quelquefois après le souper et le jeu sur la grande terrasse des jardins de Versailles où tout le public a la liberté de se rendre. Cette cohue, rassemblée dans les heures de la nuit, n'est pas sans inconvénients ; mais on a pris un peu plus de mesures que les années précédentes pour écarter la mauvaise compagnie et pour l'empêcher de s'approcher de trop près des princesses royales. » (Vatel, *Madame du Barry*, t. III, p. 17 et 18.)

bancs des jurés quand paraissent devant le
Tribunal, prévenus d'écrits contre-révolutionnaires les Quatresols de la Hante, Quatresols de
Marolles, Aubert de Fligny, Jean-Pierre Lebas,
curé de Coulommiers, Augustin Leuillot, curé de
Saint-Rémy de la Vanne, Jean-Baptiste Cagnyé,
curé de Saint-Marc (canton de la Ferté-Gaucher),
Augustin Limenton dit Chassey, curé de Saint-
Rémy de la Vanne, et Jean-Antoine Rebours,
écrivain public. Le « ton de l'ironie la plus
amère » est reproché à Rebours dans ses lettres
au curé Cagnyé relatives aux « affaires d'Alle-
magne », et à la prise de Francfort : « Qu'allait-
on faire dans cette galère !... On parle fort que
Mayence est repris (tous les jambons ne se
gardent pas) ». Du procès de Dumouriez il aurait
dit : « Faut-il qu'un misérable procès arrête les
progrès des armées de la République ? » — Chez
les autres, on avait saisi des écrits, des lettres,
des chansons d'un caractère irrévérencieux à
l'égard de la Révolution.

La déclaration du jury est affirmative sur
toutes les questions et la peine capitale appli-
quée à chacun des accusés [1].

[1] Archives nationales, W 299, n° 287.

C'est sur la culpabilité de deux cordonniers qu'il doit se prononcer le 12 frimaire. L'un est jugé le matin, l'autre dans l'après-midi.

Le premier, Barthélemy Soudre, fournisseur des armées de la République, a livré au magasin militaire d'habillement de l'Oratoire 630 paires de souliers parmi lesquelles 366 ont été jugées par les commissaires vérificateurs, « en leur âme et conscience », mauvaises par la qualité des semelles, par les coutures, par les dimensions, par toute la fabrication. — Le second, Guillaume-Jean Flamand, a fourni aux volontaires de la section du Contrat social des chaussures qui prenaient l'eau. Ces fournisseurs sont considérés « comme plus redoutables pour la République que les ennemis armés contre elle ». Ils « tendent à détruire ses nombreuses armées d'une manière plus sûre et par des moyens bien plus perfides, bien plus dangereux que tous ceux des despotes coalisés contre elle, en exposant les braves défenseurs de la patrie à devenir les victimes des maladies cruelles auxquelles il les exposent ».

Indignés de « cette conduite vraiment contre-révolutionnaire », Vilate et les autres jurés se

montrent impitoyables pour les fournisseurs
infidèles. A l'unanimité Soudre et Flamand
sont condamnés à mort[1].

17 frimaire (7 décembre) — onze heures du
soir. — Le Tribunal siège dans la salle de la
Liberté; on attend que les jurés rentrent à
l'audience. Ils délibèrent dans leur chambre.
Au banc des accusés, une femme et trois
hommes, « Jeanne Vaubernier, femme Dubarry,
« ci-devant courtisane »; à côté d'elle, le banquier hollandais Vandenyver et ses deux fils.
Les paroles du réquisitoire de Fouquier-Tinville
répondant à Lafleuterie, leur avocat, retentis-
sent encore aux oreilles des accusés : « ... Vous
voyez devant vous cette Laïs célèbre par la dissolution de ses mœurs, la publicité et l'éclat
de sa débauche, à qui le libertinage seul avait
fait partager les destinées du despote qui a
sacrifié les trésors et le sang des peuples à ses
honteux plaisirs... L'infâme conspiratrice qui
est devant vous pouvait, au sein de l'opulence
acquise par ses honteuses débauches, vivre
heureuse au sein d'une patrie qui paraissait avoir
enseveli, avec le tyran dont elle avait été la

[1] Archives nationales. W 300, n°ˢ 293 et 294.

digne compagne, le souvenir de sa prostitution et du scandale de son élévation ; mais la liberté du peuple a été un crime à ses yeux : il fallait qu'il fût esclave, qu'il rampât sous des maîtres et que le plus pur de la substance du peuple fût consacré à payer ses plaisirs ; cet exemple, ajouté à tant d'autres, prouve de plus en plus que le libertinage et les mauvaises mœurs sont les plus grands ennemis de la liberté et du bonheur des peuples. En frappant du glaive de la loi une Messaline coupable d'une conspiration contre sa patrie, non seulement vous vengerez la République de ses attentats, mais vous arracherez un scandale public et vous affermirez l'empire des mœurs qui est la première base de la liberté des peuples[1]. »

Les jurés rentrent : ce sont Vilate, le joaillier Klispisse, Mercier, Meyère, membre du directoire du département du Gard, le chirurgien Martin, l'épicier Lohier, les peintres Topino-Lebrun, élève de David, Prieur et Sambat, Payan, employé dans les bureaux du Comité de Salut public, les menuisiers Trinchard et Billon.

Aux questions posées par Dumas, président

[1] Archives nationales, W 16, n° 701.

du Tribunal, tous répondent affirmativement.

« Il est constant, donc, qu'il a été pratiqué des machinations et entretenu des intelligences avec les ennemis de l'État et avec leurs agents pour les engager à commettre des hostilités contre la France, pour leur indiquer les moyens d'entreprendre et de diriger ces hostilités, notamment en faisant à l'étranger, sous des prétextes préparés, divers voyages dont le but était de se concerter avec l'ennemi et de lui fournir des secours pécuniaires. Jeanne Vaubernier a été complice de ces machinations et intelligences [1]. »

Fouquier requiert l'application de la loi. La peine de mort est prononcée. Les quatre accusés demeurent attérés, sans voix. Ils ne croyaient pas à une condamnation capitale. La pauvre « ci-devant courtisane », l'ex-maîtresse du roi Louis XV, l'amie d'Henry Seymour et d'Hercule-Timoléon de Brissac, l'imprudente bienfaitrice du nègre Zamor, la bonne dame généreuse de Louveciennes est blème de peur. Sa nuque charmante, qui inspira le ciseau de Pajou, a tenté la guillotine.

Cette décision des jurés, ce sera pour elle,

____
[1] Archives nationales, W 300. n° 307.

demain, la charrette du bourreau, la lente promenade de la Conciergerie à la place de la Révolution, le vent glacé de décembre sur ses épaules délicates, la foule remueuse et hostile, la place immense avec son échafaud dressé au soleil couchant, sur un ciel d'hiver, gris et rouge, couleur de cendre et couleur de sang.

Folle de terreur déjà, la pauvre femme regarde tour à tour le président, les juges, l'accusateur empanaché de noir, les douze jurés... Elle ne voit que des visages immobiles, des attitudes lasses. Elle se tourne vers ses co-accusés, assis à côté d'elle, les trois Vandenyver. Eux, stupéfaits, ne comprennent pas. Les mystères de la politique révolutionnaire dépassent leur entendement d'hommes d'affaires et de négoce, de Hollandais placides.

Une plainte sourde, un long sanglot, puis un cri terrible. C'est cette fameuse Mme Dubarry, cette encore belle Mme Dubarry qui vient de le pousser, tandis que les gendarmes l'entraînent vers son destin.

CHAPITRE III

Vilate tombe malade. — Toujours sa « sensibilité ». — Robespierre contribue à son « retour vers la vie ». — Le dîner chez Vénua. — Le récit du procès de « l'Autrichienne ». — Mot de Robespierre contre Hébert. — Les ennemis de la Révolution. — Propos de table et de politique. — Les maîtresses de Vilate. — Un juré muscadin. — « Gentillesses » macabres de Barère. — La grande idée de Saint-Just. — Les propriétaires sont les véritables oppresseurs du peuple. — Du pain ! — Affaires jugées par Vilate au Tribunal. — Raisons pour lesquelles il était utile et nécessaire d'examiner, une à une, ces affaires. — Vilate juge Euloge Schneider, le « bourreau de l'Alsace. »

« Le moral affecté de tant de ravages, de tant de désastres, je tombai dangereusement malade ; je dus ma guérison au savant médecin Baraillon, député[1]. »

Que cette maladie fût le fait de la « sensibilité » d'un jeune homme de vingt-cinq ans chargé de terribles fonctions ou simplement le fait des rigueurs de décembre et des plaisirs nocturnes qu'il prenait à Clichy, il est certain que, depuis

[1] *Causes secrètes*, p. 189.

le jugement de Mme Dubarry (7 décembre) jusqu'au 26 janvier suivant, le nom de Vilate cesse de figurer sur les procès-verbaux d'audience du Tribunal révolutionnaire. Il y a là une sorte d'éclipse de sa personnalité de juré.

C'est Robespierre qui « contribua à son retour vers la vie[1] ». Vilate n'a pas oublié l'impression que lui a laissé le dîner offert chez le restaurateur Vénua par Barère à Robespierre et à Saint-Just, deux mois auparavant, le soir du jugement de Marie-Antoinette. Il était de ce dîner. Les « lumières qu'il en a reçues[2] » éclairent, pour lui, toute leur politique, celle de Maximilien surtout. Il a compris, ce soir-là, quels étaient les hommes qu'il servait.

Il avait suivi les débats du procès, non comme juré, mais en curieux, en dilettante. Chez Vénua, où la table avait été mise dans une chambre secrète, bien close, on l'avait prié de raconter quelques épisodes du « procès de l'Autrichienne ». Il s'était gardé d'omettre celui où Hébert, accusant Marie-Antoinette d'obscénités avec son fils, la reine s'était

---

[1] *Causes secrètes.* p. 189.
[2] *Ibid.*, p. 179.

retournée vers le peuple et en avait appelé aux mères présentes, leur demandant s'il en était une seule parmi elles qui ne frémit de pareilles horreurs.

Vilate songeait à ce repas, jusque-là morne, qui, tout d'un coup, s'était animé au geste violent de Robespierre criant : « Cet imbécile d'Hébert !... ce n'est pas assez qu'elle soit une Messaline ; il faut qu'il en fasse une Agrippine et qu'il lui fournisse à son dernier moment ce triomphe d'intérêt public !... »

Barère, Saint-Just, Vilate s'étaient regardés. Saint-Just, alors : « Les mœurs gagneront à cet acte de justice national » ; Barère : « La guillotine a coupé là un puissant nœud de la diplomatie des cours de l'Europe. »

Robespierre n'avait pas dissimulé ses craintes du grand nombre des ennemis de la Révolution. Barère, sous ce titre d'ennemis, englobait tous les nobles, tous les prêtres, tous les hommes de loi, tous les médecins. Selon lui, l'Égalité avait prononcé l'arrêt fatal. Et, comme Saint-Just exposait ses principes sur la confiscation des biens des suspects à déporter, Barère, renchérissant, avait nettement déclaré que « le vaisseau de la Révolution ne pouvait arriver au port que sur une mer rougie de flots de sang ». A quoi Saint-Just répondait : « Une nation ne se regénère que sur des monceaux de cadavres [1]. »

Vilate sait bien que de tels hommes seront, désormais, les maîtres de sa destinée. Il n'ont rien « de la grandeur de ces trois Romains qui, dans l'île de la rivière de Panare, en présence de leurs armées, se partagèrent l'Univers [2] ». Il les juge comme des rhéteurs « se disputant de férocité et qui, sous prétexte de régénérer les mœurs, transforment la République en un vaste cimetière ». Mais il est obligé de **vivre** dans leur familiarité ; il les voit chez eux ; il n'existe que par eux, politiquement.

Couthon, Collot d'Herbois, Billaud-Varenne, Saint-Just, Barère sont liés maintenant avec lui par les nœuds d'une amitié apparente. Il les observe comme ils s'observent entre eux, avec une attention aiguë et une réserve prudente qu'il cache, lui, sous les dehors d'un enjoue-

---

[1] *Causes secrètes.* p. 181.
[2] *Ibid.,* p. 182.

ment juvénile. Plus tard, quand ils seront vaincus, qu'ils ne seront plus, que lui-même, prisonnier au Luxembourg, préparera les longs Mémoires de sa défense, il aura un mot dédaigneux et perfide : « Je les suivais dans leurs marches obliques et tortueuses. »

Pour le moment, il note leurs propos. Il espère s'en servir plus tard. Eux, ne se défient pas encore de lui. Il a l'air si *muscadin*, si jeune, très occupé de son élégante toilette, de ses amours! Devant lui, ils pensent tout haut et ce sont leurs pensées qu'il redira pour la postérité dans les *Causes secrètes*. L'austérité de Saint-Just, son air funèbre, son geste coupant le font parfois tressaillir : « Les hommes qui régénèrent un grand peuple ne doivent espérer de repos que dans la tombe. La Révolution est comme la foudre ; il faut frapper... » Vilate aimerait bien ne pas tant frapper et jouir de la vie qui est si courte!...

Il est obligé d'entendre avec complaisance les macabres « gentillesses » du Gascon Barère de Vieuzac : « Il n'y a que les morts qui ne reviennent pas. »

Collot d'Herbois, qui revient de Lyon, lui

explique les raisons suffisantes des mitraillades que Fouché et lui ont ordonnées : « Plus le corps social transpire, plus il devient sain. » Collot rassure la sensibilité de Vilate en affirmant que, s'il a « employé l'action de la poudre, c'était pour ménager aux victimes la durée des souffrances[1] ».

Constamment préoccupé de sa grande idée, la confiscation des biens des suspects, Saint-Just ne voit réellement de bonheur possible pour la France qu'à l'époque où « chacun, retiré au milieu de son arpent avec sa charrue, passera doucement sa vie à le cultiver[2] ».

Barère estime que les propriétaires sont les véritables oppresseurs du peuple. Ils sont « char-

[1] *Causes secrètes*, p. 187.

[2] Saint-Just dit, dans le treizième fragment de ses *Institutions*, qui porte comme titre : Quelques institutions rurales et somptuaires :

« Tout propriétaire qui n'exerce point de métier, qui n'est point magistrat, qui a plus de vingt-cinq ans, est tenu de cultiver la terre jusqu'à cinquante ans.

« Tout propriétaire est tenu, sous peine d'être privé du droit de citoyen pendant l'année, d'élever quatre moutons, en raison de chaque arpent de terre qu'il possède.

« Il n'y a point de domesticité ; celui qui travaille pour un citoyen est de sa famille et mange avec lui.

« Tout citoyen rendra compte, tous les ans, dans les temples, de l'emploi de sa fortune. »

gés de crimes et de forfaits ». tandis que les
« vertus » appartiennent exclusivement à la
« classe journalière et travaillante ».

Et il réclame du pain pour le peuple. Il
dénonce les gens d'Hébert et du père Duchesne.
les auteurs des pamphlets affichés dans les
halles, sur les places de Paris, où le gouvernement est rendu responsable de la famine et
de la misère.

C'est un affameur du peuple que Vilate juge.
le 7 pluviôse an II (26 janvier 1794). lorsque.
rétabli, il reprend ses fonctions. « Claude Eudeline, cultivateur, dit l'accusation, craignant
que le fléau terrible de la famine ne fît pas de
progrès assez rapides, voulait assassiner le
peuple par des moyens sûrs... Pendant environ
l'espace de quatre-vingts jours, cet individu qui
ne mérite pas le nom d'homme, a engraissé
ses cochons avec du pain, tandis que ses voisins
en avaient à peine pour se soutenir. Pendant
le même espace de temps, il fit donner pour
nourriture à ses poules et à deux chevaux
du blé non rebattu, « ce qui a dû priver
le peuple d'une quantité considérable de ce

grain précieux et de première nécessité[1] ».

Vilate et les autres jurés se montrent indulgents. En dépit du violent réquisitoire de l'accusateur public, Eudeline est acquitté[2].

Le 9 pluviôse (28 janvier), il a devant lui, au Tribunal, dix-sept habitants de Coulommiers et de la Ferté-Gaucher ; un perruquier, un fripier, un juge de paix, un médecin, un armurier, deux officiers municipaux, un vitrier, six femmes, un ancien capitaine de cavalerie, un ex-noble, d'autres, sans profession. Tous sont prévenus d'avoir conspiré contre l'unité et l'indivisibilité

[1] Réquisitoire de Fouquier-Tinville. Archives nationales. W 316, n° 451.

[2] J'ai relevé, dossier par dossier, dans les cartons du Tribunal révolutionnaires tous les procès-verbaux d'audience où le nom de Vilate figure parmi ceux des autres jurés. Ce travail de recherches minutieuses m'a semblé nécessaire pour contrôler les assertions de Vilate lorsqu'il prétend, dans ses *Causes secrètes*, n'avoir accepté ces fonctions que pour punir « les ennemis de la patrie et de l'humanité » et qu'il essaye de donner le change à ses juges en disant que ses maladies, « effets de sa sensibilité », l'ont tenu éloigné du Tribunal. — Or, vérification faite, du 2 octobre 1793 au 20 juillet 1794, il siégea soixante-quatre fois. Peut-être même fut-il juré dans la fournée des *Chemises rouges*, le 29 prairial an II, où cinquante-quatre personnes furent envoyées à l'échafaud — Il m'a semblé que le meilleur moyen, pour le lecteur, d'entrer en pleine possession du sujet et du milieu où *opérait* ce jeune juré de vingt-cinq ans, était d'analyser une par une et en quelques mots, les affaires si diverses où il se prononça par oui ou par non sur la culpabilité des accusés. J'espère que l'infinie variété de ces affaires ne fatiguera pas le lecteur, mais qu'au contraire elles pourront l'intéresser et l'instruire par leur diversité et par les contrastes qu'elles présentent entre elles.

de la République, d'avoir attenté à la tranquillité
et à la sûreté intérieure du peuple français.
« Trames et complots tendant à la dissolution
de la représentation nationale et des sociétés
populaires ; excitation à la guerre civile par le
fanatisme en armant les citoyens les uns contre
les autres. » Les commissaires nommés par la
municipalité à l'effet de visiter tous les endroits
où il pouvait exister des vestiges de l'ancien
régime avaient été molestés par les accusés qui
avaient mis en jeu « tous les moyens que leur
fournissait le fanatisme nobiliaire et sacerdotal », au moment où il s'était agi d'enlever les
« vitraux antiques de l'église empreints en
entier des emblèmes de la tyrannie et de la
féodalité[1] ». Des femmes, « portant à Coulommiers le titre fanatique de saintes femmes », exi-
geaient la démission du maire ou sa tête. L'une
d'elles s'était vantée qu'elle irait au-devant des
Prussiens et des Autrichiens pour faire égorger
ces « sacrés Jacobins » et qu'elle logerait dans sa
maison autant d'ennemis que celle-ci en pourrait
tenir. D'autres avaient menacé de f... à bas la

---

[1] Acte d'accusation de Fouquier-Tinville. Archives nationales.
W 317, n° 462.

tête des députés qui seraient envoyés à Coulommiers et de la porter au bout d'une pique. Le fripier ne cessait de clamer contre la représentation nationale, l'armurier d'exciter à la sédition. Il voulait « un maître ». Tant qu'on n'en aurait pas, « cela n'irait jamais bien ». Il affirmait savoir que les représentants en mission venaient dans le pays pour prendre l'argenterie et les cloches, puis f... le camp avec. On savait bien que Merlin et Prévôt, officiers municipaux, étaient les agents secrets des contre-révolutionnaires. Merlin, d'ailleurs, avait toujours été l'ennemi des sociétés populaires. Montalban et Ogier, ex-nobles, ont « concouru par leurs insinuations secrètes et par des moyens plus perfides encore à la contre-révolution projetée ».

Longues audiences que celles de ce procès où les témoins sont nombreux. Commencées le 9 à dix heures du matin, les séances se poursuivent le 11 et le 12 devant les jurés Vilate, Fauvel, Souberbielle, Bernard, Chrétien, Didier, Châtelet, Fenot, Aubry, Servière, Fiévé. Six des accusés, dont deux femmes, sont acquittés. La peine de mort est prononcée contre les autres.

Le 14 pluviôse (2 février), il juge des contre-révolutionnaires du département de l'Aube : Edme-Alexis Gillet, médecin ; Bonaventure-Jean-Baptiste Milliard, ci-devant procureur et avoué à Troyes et ex-député de l'Assemblée constituante ; Louis-Nicolas Paillot, ci-devant lieutenant général au ci-devant bailliage de Troyes.

Gillet passe pour être « le chef de cette horde de contre-révolutionnaires qui ont, à l'aide du fanatisme et de la tyrannie, causé tant d'agitation dans ce département [1] ». Il paraît avoir été l'auteur ou le distributeur d'un imprimé répandu dès 1789 et portant le titre de « Causes et agents de la Révolution de France ». Les premiers mots en étaient : « Depuis plus d'un siècle il s'est formé une ligue de conjurés contre les rois. Les protestants en furent les fondateurs. Aussi n'a-t-on connu de régicides en France que depuis l'établissement de cette secte. »

Gillet et Paillot ont « servi le tyran en se rendant à Coblentz pour conférer avec les chefs contre-révolutionnaires qui y résidaient ». Parent, lui, « n'a cherché qu'à anéantir cette

---

[1] Acte d'accusation de Fouquier. Archives nationales. W 319, n° 474.

liberté que le peuple l'avait chargé de lui assurer et de défendre au péril de sa vie ». Dès 1790, il a, par des ouvrages imprimés, dirigés surtout contre les sociétés populaires, « cherché à corrompre, à empoisonner l'esprit public et à faire haïr et détester la Révolution. » C'est là ce qu'on remarque surtout dans un pamphlet dont plusieurs exemplaires ont été trouvés chez lui. pamphlet intitulé : *Guinguette nationale ou dialogue entre un colporteur de Paris, la Verdure, grenadier, et le père Colas, laboureur*. Dans cet ouvrage, l'auteur « affecte de prendre le langage le plus trivial pour faire des sociétés populaires et de l'Assemblée constituante le tableau le plus odieux. » Parent a encore cherché à empêcher la vente des biens des émigrés, à Chaource, et il a favorisé la dilapidation de ces biens. On a trouvé chez lui un écrit en dix-huit lignes qui traduit bien ses sentiments à l'égard de la Révolution : « La France gémit sous le nom de Liberté dans le plus honteux esclavage de tous les vices, de toutes les passions les plus effrénées et d'une anarchie sans exemple [1]. »

---

[1] Acte d'accusation de Fouquier, *ibid*.

Aux questions posées par Dumas, président du Tribunal, concernant la complicité de Gillet, Parent, Milliard et Paillot dans la conspiration « dirigée par le tyran Capet et ses agents contre la liberté, la sûreté, la souveraineté du peuple français », la réponse des jurés fut affirmative et unanime. C'était la mort.

Le 18 pluviôse (6 février), Élisabeth Pauline de Gand, comtesse de Lauragais, comparaissait devant le Tribunal où Vilate siégeait au banc des jurés. Elle était propriétaire, près de Lille, d'un château qui était « devenu le repaire des contre-révolutionnaires [1] ». Elle avait correspondu avec les émigrés. Chez elle, on avait trouvé tout un dépôt de libelles contre-révolutionnaires. Elle avait conservé « des signes de la féodalité, des hochets de l'orgueil, tels que plaques portant des armoiries, cachets fleurdelysés, couronnes... » Elle fut condamnée à mort.

Trois jours plus tard, un dimanche, Vilate avait devant lui, au Tribunal, les sept religieuses carmélites et la sœur visitandine qui, arrêtées

---

[1] Acte d'accusation de Fouquier. Archives nationales. W 320, n° 483.

en août précédent, rue Neuve Sainte-Geneviève où elles s'étaient réfugiées, avaient été incarcérées à Port-Libre, rue de la Bourbe, et refusaient de prêter le serment républicain.

M. Émile Campardon a publié, le premier[1], le récit de la détention et du jugement des huit religieuses. Il a pu identifier le nom de l'auteur de ce récit anonyme, sœur Angélique-Françoise Vitasse, l'une des carmélites. Ce récit met en scène d'une manière saisissante, avec leurs attitudes familières, leurs gestes, leurs physionomies, Maire, juge au tribunal et Josse, son commis greffier, assis chacun d'un côté d'une table, « au milieu d'une grande salle », et interrogeant les religieuses l'une après l'autre. On voit Maire considérant « curieusement » la sœur Vitasse, derrière ses lunettes, lui parlant avec bonhomie, l'engageant à faire le serment, lui demandant si elle a froid, faisant allumer un bon feu et approcher un fauteuil. On entend les conseils qu'il lui donne :

« Obéissez aux lois de la République, soyez très soumises et vous pratiquerez le vœu d'obéissance ; vous avez fait vœu de pauvreté, mais

______

[1] *Tribunal Révolutionnaire de Paris.* t. I. p. 460.

Dieu ne défend pas que vous ayez le nécessaire ; ainsi vous jouirez de votre pension ; mais vous pouvez vous mettre simplement ; n'achetez que les choses les plus communes et les moins chères ; ne faites pas de dépenses inutiles, et vous pratiquerez votre vœu de pauvreté. Vous avez fait vœu de chasteté ; qui vous empêche d'être vierge ? Vous avez la liberté de vous marier, si vous voulez ; mais vous avez aussi la liberté de ne pas le faire, si vous ne voulez pas. Si vous demeuriez chez moi, je serais bien fâché de vous empêcher de vivre de la manière qui vous plairait ; moi, je suis chaste aussi, et cela ne m'empêche pas de rendre service à la République ; cependant je n'ai pas renoncé au mariage (Maire avait quarante-sept ans). Il faut que vous sachiez qu'autant il y avait je ne sais plus combien de couvents en France, à présent il n'y en a plus qu'un qu'on appelle République ; tous les hommes sont égaux, ils sont tous frères et chacun a la liberté de vivre comme il lui plaît. »

Le greffier joint ses exhortations à celles du juge pour la décider au serment et lui éviter « d'être envoyée à la Guyane, parmi les sauvages ». Il l'encourage ; il lui fait observer la bonté avec laquelle le juge lui parle : « Il a pour vous l'affection et la tendresse d'un père ; il voudrait vous voir bien heureuse. »

Puis, c'est la séance où les huit religieuses comparaissent au Tribunal, assises dans une « tribune très élevée » devant les neuf jurés — dont Vilate — en présence d' « une grande multitude de peuple » : ce sont les questions du président, ses instances pour déterminer les accusées à se soumettre à la loi et à prêter le serment, ses observations à la sœur Vitasse qui lui tient tête avec une douce et persévérante énergie et à laquelle il répond : « Si tu veux faire le serment, nous t'écouterons, mais si tu veux prêcher, tu n'as qu'à te taire... » ; c'est la défense de l'avocat, Lafleuterie, déclarant qu'il n'y a pas « de lois assez rigoureuses » pour elles, mais qu'il « serait grand » aux juges de se montrer indulgents et terminant par « un sermon républicain » ; c'est la foule qui s'intéresse à leur sort, qui les presse de prêter le serment, tandis que le gendarme, à côté d'elles, les y exhorte ; ce sont les juges, les jurés, le président attendant « avec beaucoup de patience »

qu'elles veuillent s'y résoudre. Elles sont con-
duites « dans une petite chambre » pendant
qu'on les juge et que, de toutes parts, on les
supplie de céder et de faire le serment. Plusieurs personnes « s'attachent fortement à la
sœur Vitasse, qui est la plus jeune ». Elles sont
reconduites dans la salle des séances. On les
fait asseoir. Naulin, substitut de l'accusateur
public, se lève et prononce son réquisitoire ; il
les qualifie de « vierges folles », de « fanatiques », pour lesquelles il ne peut y avoir « de
mort assez cruelle ». Elles sont condamnées à
la déportation [1]. Silence de la foule. Puis quelques voix crient : « Vive la République! » Les
huit religieuses sont reconduites dans leur
cachot, à la Conciergerie [2].

*
* *

Chaudot, Brichard, notaires à Paris, Métivier,
principal clerc, sont prévenus d'avoir « de com-

[1] La question posée par Dumas qui présidait, ce jour-là, le
Tribunal : « L'ont-elles fait dans le dessein de troubler l'État par une
guerre civile en armant les citoyens les uns contre les autres et
contre l'autorité légitime ? » fut résolue négativement par les
jurés. C'est ce qui sauva la vie des huit religieuses.

[2] Archives nationales, W. 321, n° 491.

plicité, fait et signé des actes en faveur d'un des tyrans d'Angleterre et autres ». Traduits devant le Tribunal révolutionnaire où siégeait Vilate, le 23 pluviôse (11 février), à dix heures du matin, ils sont condamnés à mort[1].

Le 27 (15 février), Vilate se prononce pour l'acquittement d'Hervé, serrurier, prévenu d'avoir fait de mauvaises livraisons d'affûts d'obusiers. Le même jour, dans l'après-dîner, il déclare coupable Gabriel Planchat, dit La Cassagne, fils du dernier capitoul de Toulouse, âgé de trente-cinq ans, qui, au café de Foy, « a crié à différentes reprises, en parlant du frère infâme du dernier tyran et du scélérat Condé : « *Vive Monsieur! Vive Bourbon!* », propos contre-révolutionnaires tendant à la dissolution de la République[2]. Le 29 (17 février), il se montre sans pitié pour Choiseau (Pierre-Étienne), entrepreneur de chevaux d'artillerie, qui « a diminué d'un quart, d'un tiers et de plus la ration d'avoine fournie par la République pour la nourriture des chevaux de ses armées. » Choiseau est condamné à mort; mais Postel (Joa-

---

[1] Archives nationales, W. 324. n° 515.
[2] *Ibid.,* W. 325, n°s 520 et 521.

chim) et Philippe (Pierre), délivreur de four-
rages et inspecteur d'un dépôt de chevaux, tous
deux compromis par les malversations de Choiseau [1], sont acquittés.

Le 7 ventôse (25 février), à dix heures du
matin, il juge Laroche, un capucin, Ploquin,
un prêtre, ci-devant supérieur de Saint-Sulpice,
et les sœurs Barberon, maîtresses de pension
à Orléans, accusés d'avoir « conspiré contre le
peuple français, correspondu avec les brigands
de la Vendée, rédigé des écrits incendiaires
provoquant à la guerre civile ». En janvier 1792,
Laroche « a fui le sol de la Liberté ». Il a porté
les armes contre sa patrie en servant dans la
gendarmerie des Princes, à Coblentz. Pour tous,
c'est la mort [2].

Le même jour, à onze heures du matin, comparaît devant Vilate, Étienne-Claude Marivetz,
« écuyer des tantes de Capet émigrées », convaincu de royalisme et prévenu d'avoir conservé des écrits liberticides. — La mort [3].

Laurent Veyrenc, de la Drôme, homme de

---

[1] Archives nationales, W. 327, n° 535.
[2] *Ibid.*, W. 329, n° 548.
[3] *Ibid.*, W. 329, n° 547.

loi, a correspondu avec les émigrés. Le 11 ventôse (1er mars), à neuf heures du matin, il comparaît devant le Tribunal; il est reconnu coupable par les jurés, dont Vilate, et condamné à mort. — Ce même jour, à midi, Vilate jugeait Noël Deschamps, homme de loi, qui avait tenu des propos liberticides au café « ci-devant Conti », au coin de la rue de Thionville. — La mort[1].

François-Étienne-Joseph Champfleury, quarante-cinq ans, ex-chevalier de Saint-Louis, capitaine au 10e régiment de cavalerie, de service à l'armée de la Moselle, connu sous le nom de chevalier de Varennes, avait été trouvé possesseur d'une bague, — « signe de ralliement des chevaliers du poignard et des assassins du 10 août, portant les mots : « Tout à mon Roy », gravés sur une espèce de cœur en or, signe de ralliement qui, trouvé sur un individu attaché au service de la République, prouve qu'il n'est qu'un contre-révolutionnaire et un traître[2] » — et de pièces de monnaie étrangères, notamment d'une médaille du couronnement de Léopold comme roi des Romains. Des cava-

[1] Archives nationales. W. 332. nos 562, 563.
[2] Ibid., W. 332. no 567.

liers de son régiment l'avaient dénoncé comme portant la croix de Saint-Louis sous sa chemise. Champfleury, qui comparait devant le tribunal le 13 ventôse (3 mars), est déclaré coupable par Vilate et par les autres jurés. — La mort.

Ce même jour, Vilate juge, à onze heures du matin, un libraire de Paris, Thomas Levigneur, qui a imprimé une brochure sur la mort de Louis XVI et le condamne à la peine capitale ; dans l'après-midi, un ex-clerc de notaire, Osmont, trente-trois ans, habitant faubourg du Roule, que deux citoyennes, l'une mercière, l'autre ouvrière, ont dénoncé comme ayant tenu, dans une boutique du jardin Égalité[1], des propos et des discours inciviques et contre-révolutionnaires. Osmont est acquitté par Vilate et les autres jurés[2].

Ce mois de ventôse est très chargé. La besogne du Tribunal augmente. Fouquier-Tinville déclare qu'il succombe à la tâche. Il partagera dès lors avec ses substituts et même avec de simples employés le soin de rédiger les actes d'accusation[3].

---

[1] Palais-Royal.
[2] Archives nationales, W. 332, n°s 566 et 568.
[3] *Ibid.*, AF. II, 22, dossier 60, pièces 56.

Vilate siège souvent. Le 17 (7 mars), il juge et acquitte un journalier, François Vichy, et un charpentier, Gilbert Arnoux, prévenus d'avoir suscité des émeutes [1].

Le 19 (9 mars), il déclare coupable Charles-Étienne Vaudrey, juge de paix dans la Meurthe, qui a tenu des propos contre-révolutionnaires et cherché à empêcher le recrutement. Vaudrey est condamné à mort [2].

Le 22 (12 mars), il siège le matin et le soir pour juger un marchand de vins, Marius Blanchet, de la section Poissonnière, ancien capitaine du bataillon des canonniers de Saint-Lazare qui, le 10 août, a, paraît-il, refusé de faire marcher le canon du bataillon, et Sophie-Adélaïde Leclerc-Glatigny, ex-religieuse du couvent de la Visitation, à Saint-Denis, prévenue de propos contre-révolutionnaires et d'avoir hébergé un prêtre réfractaire. Tous deux sont envoyés à l'échafaud [3].

24 ventôse (14 mars), affaire Lepreux, Wilmet, Davanne. Vilate est juré. Lepreux, ins-

[1] Archives nationales, W. 335, nᵒ 587.
[2] Ibid., W. 335, nᵒ 591.
[3] Ibid., W. 336, nᵒˢ 595 et 596.

pecteur des vivres à Maubeuge ; Wilmet, imprimeur à Maubeuge ; Davanne, commis à la
distribution des vivres de l'armée à Maubeuge,
sont prévenus de dilapidations, de fraudes, d'in-
fidélités, enfin, d'avoir voulu livrer Maubeuge
à l'ennemi. Davanne, ayant fait des aveux, est
seul condamné à mort ; les autres sont acquittés [1].

27 ventôse (17 mars), Vilate est au banc des
jurés. Il devra se prononcer sur le cas de quatre
habitants de Sannois, des vignerons qui ont
abattu l'arbre de la liberté, « ce signe glorieux
de la conquête que les Français ont faite sur la
tyrannie ». Ils l'ont « dépecé » et en ont déposé
les morceaux à la porte du maire. Les jurés les
acquittent. Le même jour, un chirurgien-major
du 2e bataillon de la réquisition d'Angoulême,
qui « a soutenu le parti du tyran », Jean-Baptiste
Boissat, est condamné par Vilate à la peine
capitale [2].

Camille Jouve, chef d'escadron d'artillerie,
qui a tenu des propos contre-révolutionnaires,
passe devant le jury dont Vilate fait partie, le

[1] Archives nationales. W. 336, n° 598.
[2] *Ibid.*, W. 338, n°* 607 et 608.

29 ventôse (19 mars), et il est condamné à mort[1].

Le 5 germinal (25 mars), à neuf heures du matin, Cordier, un homme de loi du district de Pontarlier, prévenu de « correspondance contre-révolutionnaire avec Lameth et autres députés fédéralistes du Jura », est acquitté par Vilate et par les autres jurés[2].

Vilate siège trois fois le 7 germinal (27 mars), à neuf heures du matin, à onze heures, à midi. Il juge d'abord Claire-Madeleine de Lambertye, femme séparée de fait de Geoffroy Villemain, ex-noble. Son mari était secrétaire de Louis XVI. Elle est la sœur des comtes de Lambertye émigrés ; elle était l'amie du marquis de Polignac, écuyer du comte d'Artois ; elle a recélé chez elle de l'argenterie aux armes des Polignac et du comte d'Artois, « insatiables vampires de cour qui insultaient à la misère du peuple en épuisant sa substance[3] ». — La mort.

Puis, il juge Henri Moreau, de Montpellier, homme de loi, « ci-devant accusateur public

---

[1] Archives nationales, W. 339, n° 614.

[2] *Ibid.*, W. 339, n° 619.

[3] Acte d'accusation de Fouquier-Tinville. Archives nationales W. 340, n° 625.

militaire près le point central de l'armée du
Nord, à Arras », suspendu de ses fonctions par
Joseph Lebon. Agent « de la faction liberticide
qui a cherché à s'élever dans la Convention
lors du jugement du tyran Capet pour relever
les débris du trône et anéantir la République
par le monstrueux système du fédéralisme[1] ».
Moreau est condamné à mort.

Il juge enfin Bernard Bourdet, directeur de
la poste aux lettres de Pont-Audemer, qui a
conspiré contre la République, abusé de sa
qualité de fonctionnaire public et de la confiance
de la nation en mettant au rebut des journaux
et bulletins de la Convention nationale adressés
à divers fonctionnaires publics. Bourdet est
acquitté[2].

Le 12 germinal (1er avril), Vilate siège encore
dans trois audiences.

Première audience. — Simon Collivet, garçon
épicier, rue de la Verrerie, vingt-cinq ans, était
aux Tuileries, avec son bataillon, le 10 août, au
moment où le roi passa en revue les différents

---

[1] Acte d'accusation de Fouquier-Tinville. Archives nationales.
W. 340. p. 626.

[2] Archives nationales. W. 340. n° 627.

bataillons. Il a crié : « Vive le roi ! » Il le nie et affirme avoir crié : « Vive la nation ! » faiblement, il est vrai, « car il était enrhumé ». Il est condamné à mort[1].

Deuxième audience. — Antoine Brochet de Saint-Priest, vingt-cinq ans, ex-garde de Louis XVI, est accusé de « participation au masacre du peuple ordonné par le tyran, le 10 août. » On lui a demandé, au cours de son interrogatoire, quel gouvernement il préférait, « du monarchien ou du républicain ». Il a répondu qu'il n'en savait rien et qu'il demandait « du temps pour connaître celui qui opérera le bonheur du peuple ». Habitant Gréez, dans la Sarthe, il est parti pour Paris, le 9 août. A la nouvelle des événements du 10, c'est en hâte qu'il est rentré dans ses foyers. Arrêté, il a dit qu'il était venu à Paris voir sa grand'mère mourante. Mais, dans l'esprit du Tribunal, sa participation aux massacres du 10 août ne peut être douteuse. Le ton de ses réponses est suspect. Il prétend qu'il n'a aucune opinion, que ses seules occupations sont l'agriculture, les chevaux, la chasse. Ses réponses « étant celles

---

[1] Archives nationales. W. 343, n° 660.

d'un contre-révolutionnaire forcené[1] », il est condamné à mort.

Troisième audience. — C'est Euloge Schneider qui comparaît devant le Tribunal : Schneider, terreur de l'Alsace, ci-devant accusateur public du département du Bas-Rhin, à Strasbourg, puis commissaire civil à l'armée et à la commission révolutionnaire établie dans le même département, arrêté sur l'ordre de Saint-Just et de Lebas envoyés à l'armée du Rhin. Ancien prêtre allemand, il « a favorisé les prêtres du parti autrichien, entre autres le prêtre Funck, natif d'Aix-la-Chapelle, une de ses créatures[2] ». Funck, voulant se marier, Euloge Schneider a « mis en réquisition » les jeunes citoyennes du canton de Barr. Funck n'eut qu'à choisir celle qu'il trouvait de son goût et à l'épouser. Il fallait une dot aux conjoints. Schneider avait ordonné, dans tout le canton, une collecte dont le produit dépassa 20 000 livres, l'administration ayant déclaré qu'elle regarderait comme véritables frères des sans-culottes ceux qui, à

---

[1] Acte d'accusation de Fouquier-Tinville. Archives nationales, W. 343, n° 661.

[2] Acte d'accusation de Fouquier-Tinville. Archives nationales, W. 343, n° 662.

cette occasion, se montreraient généreux. Leurs noms, inscrits sur la liste de souscription, devaient être envoyés au Tribunal révolutionnaire afin qu'il « apprît à connaître ceux qui, en bons citoyens, ont consacré leurs cœurs à la raison et à la vertu ».

Lui-même, Schneider, désirant aussi prendre femme, avait jeté son dévolu sur la fille de Stamm, chef du bureau des impositions, au district de Barr. Le 20 frimaire précédent, à une heure et demie du matin, Stamm et son « épouse » avaient été réveillés par des coups frappés à leur porte. « Qui est là ? — Le Tribunal révolutionnaire. » Dans la cour, un cavalier escortant une chaise de poste. Le président Taffin et le juge Wolff en descendent. Ils sont chargés par Schneider de demander à Stamm la main de sa fille aînée. Ils lui remettent deux lettres de l'accusateur public, l'une adressée aux parents, l'autre à la jeune fille. « Chers amis, je suis déterminé à épouser votre fille aînée, consentez-y ; je tâcherai de faire son bonheur. Euloge Schneider. » — « Aimable citoyenne, je t'aime, je sollicite ta main. Euloge Schneider. »

Ni les parents, ni la jeune fille n'avaient refusé ; ils avaient seulement prévenu le citoyen Schneider qu'ils n'avaient pas de fortune, « si ce n'est une fille vertueuse à lui offrir ».

Cet ancien prêtre allemand, que Vilate a devant lui et qu'il va juger, est un homme de trente-sept ans, dont l'aspect est bestial[1]. L'accusateur public de Paris requiert sans ménagements contre le ci-devant accusateur public du Bas-Rhin. Motifs : enlèvements de filles, suspensions arbitraires de juges de paix remplacés par des prêtres allemands ; ostentation d'un luxe et d'un faste inouïs, table abondamment servie des mets les plus délicats et des vins les plus fins, tandis que le peuple se serrait le ventre. Fonctionnaire prévaricateur, coupable d'abus d'autorité et de pouvoir, ce « moderne Caligula[2] » mérite la mort. Le verdict affirmatif des jurés l'envoie à la guillotine.

[1] Il porta le surnom de « bourreau de l'Alsace ».
[2] Acte d'accusation de Fouquier-Tinville.

CHAPITRE IV

Raisons pour lesquelles Vilate reste dans le « tourbillon » révolutionnaire. — Ses illusions, ses inquiétudes, sa méfiance. — « Étude d'observation » à laquelle il se borne momentanément. — Ami de Camille Desmoulins, abandonnera-t-il ses fonctions après « l'holocauste sacrilège » des dantonistes ? — Il retombe malade. — Corvisart le guérit. — Coupes sombres que médite Dupin, terreur de la maltôte. — Mots de Barère. — Paris est trop grand. — Brûlons les bibliothèques. — Jalousies de femmes. — Les perruques blondes. — Deux inséparables. — Vilate est triste.

Le printemps de 1794 fut radieux. Les vieillards ne se souvenaient pas d'avoir vu d'aussi beaux jours. Paris avait un air de fête. Les lilas fleurissaient sur les terrasses des Tuileries.

S'il faut en croire Vilate, Barère, « courtier de tous les partis, secrétaire de tous les forfaits, banquier de crimes et de séditions », se rendait « sourdement dans des lieux secrets avec les compagnons de ses plaisirs érotiques... pour y négocier les ravages de la Vendée et agrandir cette plaie révolutionnaire[1] ». Parmi ses compagnons, se trouvait le jeune juré, que de tels divertissements délassaient des rudes séances du Tribunal, en le reposant de la vue de Fouquier-Tinville.

« On m'a reproché d'une manière indirecte, écrira-t-il plus tard[2], d'être resté dans ce tourbillon de choses et de n'avoir pas instruit le public de la part que je prenais aux conversations où se méditaient les idées dévastatrices. On voudra bien observer que, tour à tour livré aux illusions de l'enthousiasme, aux inquiétudes de la méfiance, la retraite m'était devenue comme impossible. Heureux qu'un fond naturel de gaîté et de plaisanterie ait caché, sous les apparences de la frivolité, l'étude d'observation à laquelle je me bornais et l'absence du Tribunal révolutionnaire à laquelle je me suis décidé depuis l'holocauste sacrilège de Danton et de Camille[3] ».

Il est faux que Vilate ait cessé de paraître au Tribunal depuis la condamnation de Danton

---

[1] *Causes secrètes*, p. 229.

[2] *Ibid.*, p. 231.

[3] *Ibid.*, p. 232.

et de Camille Desmoulins. J'ai étudié, dossier par dossier, aux Archives nationales, tous les procès-verbaux d'audience du Tribunal révolutionnaire. Depuis le 13 germinal, date où commencent les débats du procès des dantonistes, jusqu'au 3 thermidor, date de son arrestation, Vilate a siégé vingt-deux fois et, en prairial notamment, dans de grandes affaires, dans des *fournées*, dans des *feux de file*[1].

Donc, il altère la simple vérité quand il écrit ces lignes touchantes, mais inexactes : « On n'a pas oublié ma conduite honorable envers Camille Desmoulins, mon éloignement du Tribunal depuis sa perte[2]. »

« Qu'on fouille dans les archives, écrit-il encore, on se convaincra que je n'ai figuré dans aucune affaire qui puisse me faire soupçonner d'avoir été l'instrument de telle ou telle personne, de tel ou tel parti : mes maladies, effet de ma sensibilité et des soupçons formés contre moi, à cause du dîner avec Danton, m'en ont heureusement éloigné. Depuis le sacrifice de

---

[1] L'expression : *faire feu de file* était celle dont se servaient certains jurés, en allant à l'audience, lorsqu'ils se préparaient à déclarer coupables plusieurs accusés dans une même affaire.

[2] *Causes secrètes*, p. 214.

Desmoulins, je n'y ai paru que rarement et dans des occasions où le fauteuil n'était occupé que par un très petit nombre d'accusés. »

Le compte rendu des affaires où il est « entré comme juré » suffit à démentir cette affirmation de Vilate [1].

Certes, il eût été « honorable » pour lui de s'éloigner définitivement du Tribunal ; mais il ne le fit pas.

Et pourtant, il était lié d'amitié avec Camille. Il dînait souvent chez lui. Il était admis dans ce petit cercle d'intimes de la cour du Commerce Saint-André-des-Arts où fréquentaient Danton, Stanislas Fréron, *Fréron-lapin*, comme on l'avait surnommé, Brune le futur maréchal de France, alors membre des Cordeliers, Mme Duplessis et ses deux filles, Lucile, la femme de Camille, Adèle, que Robespierre avait eu l'intention d'épouser, Robespierre, enfin, qui se plaisait à faire sauter sur ses genoux le petit Horace, le fils de Lucile et de Camille, né le 6 juillet 1792. Quelques jours avant le procès et la condamnation de Camille et de Danton, il dînait encore avec eux, chez Camille « avec sa

[1] Voir plus haut. p. 58, note 2.

charmante et vertueuse épouse, sa mère d'une très belle stature. » Dans les *Causes secrètes*, il affirme avoir averti « vingt fois » Desmoulins qu'on voulait le guillotiner et l'avoir conjuré de se tenir sur ses gardes.

La liste des jurés paraît, « dressée tout exprès ». Barère a proposé Vilate ; mais Billaud-Varennes et Collot d'Herbois, ayant objecté sa liaison avec les prévenus, il a été éliminé.

Je n'ai pas à raconter ici le procès des dantonistes. Voici les réflexions qu'il suggéra au juré Vilate : « La Révolution, comme Saturne, eut bientôt dévoré ses plus tendres enfants. Ainsi mourut à l'échafaud l'homme courageux qui, le 14 juillet 1789, monté sur une table au Palais de l'Égalité, deux pistolets à la main, donna au peuple le signal de la liberté en arborant la cocarde nationale et détermina la prise de la Bastille. Ah ! son nom, comme Danton l'a prophétisé pour lui-même, vivra au Panthéon de l'histoire[1]. »

Il semble que Vilate ait prévu l'accusation qui, dans l'avenir, sera dirigée contre Robes-

---

[1] *Causes secrètes*, p. 192.

pierre d'avoir voulu supprimer Danton, son rival. « Danton et Robespierre étaient liés par les nœuds d'une amitié apparente : ils estimaient leurs talents. L'histoire, sans doute, les présentera comme rivaux, cherchant à se supplanter. L'ambition est la passion dominante des grands caractères... Danton, né paresseux, avait négligé d'entrer dans le gouvernement des affaires ; il avait fait des absences ; il se croyait fort comme Hercule ; il ne tarda pas à s'apercevoir de ses négligences[1]. »

La condamnation des dantonistes fut prononcée le 16 germinal. Dès ce moment Vilate, en dépit de la protection de Robespierre, se sent inquiet ; de noirs pressentiments agitent son âme, depuis qu'il a vu l'Incorruptible « précipiter Desmoulins, en prenant superbement envers lui les dehors de la pitié ».

En dépit de son apparent aplomb et de ses allures de muscadin, il se sent de plus en plus triste ; il est presque désemparé. Quels seront les favoris de l'inconstante fortune ? Couthon ? Billaud-Varenne ? Collot d'Herbois ? Robes-

[1] *Causes secrètes.* p. 191.

pierre, à qui il est tout dévoué (et pour cause),
Barère, qu'il flagorne, mais dont il n'attend
rien de bon ?

« Les matelots qui, sur l'Océan, aperçoivent
d'un côté les nuages se rassembler et former
des orages et, de l'autre, les rayons naissants
d'un beau jour, ne sont pas plus indécis sur
le sort du vaisseau qui les porte[1] ».

Les séances du Tribunal où il siège comme
juré dans deux affaires[2], dès le lendemain du
procès des dantonistes, le 17 germinal, lui semblent fastidieuses. Il trouve compromettantes
ses fonctions. Il retombe malade.

L'habile Corvisart, « aux leçons duquel il
regrette de n'avoir pas plus souvent assisté », le
guérit, « comme par miracle ».

Il est de fait que, pendant plus d'un mois,

[1] *Causes secrètes*, p. 194.

[2] A dix heures du matin et à onze heures : 1° Affaire Baron de
Channois, ex-noble, soixante-six ans, habitant de Genillé (district
de Loches), accusé d'intelligences et de correspondances avec les
émigrés. Il a dit que les citoyens de sa commune étaient de « fou-
tues bêtes » de laisser enrôler leurs enfants : qu'on n'avait pas le
droit de les y contraindre : que, si on les forçait à tirer ou à s'enrôler, « il fallait foutre l'arbre de la liberté par terre ». La mort.
2° Pierre Reigné, trente-huit ans, tailleur d'habits à Pontoise. Il
a dit que tous les députés s'enrichissaient aux dépens du peuple :
que c'étaient des scélérats bons à pendre. Il s'est déclaré royaliste
et s'en est fait honneur. La mort. (Arch. nat., W. 342, nᵒˢ 649 et
647.)

du 19 germinal [1] au 24 floréal suivant, son nom
ne figure pas dans les procès-verbaux d'audiences du Tribunal.

Et, lorsqu'il est revenu à la santé, lorsqu'il
reprend ses fonctions, il lui semble qu'un voile
épais a obscurci la vision nette qu'il croyait
avoir des hommes et des événements. A certains signes, à certains regards, à certaines
attitudes il s'est aperçu que Barère joue avec
lui un jeu double ; que Billaud-Varenne ne
l'aime pas ; que Collot d'Herbois, le dialogueur
sensible des *Entretiens du bon père Gérard*, cet
instituteur paterne des paysans de la Bretagne,
« a furieusement dévié de la droiture naïve des

[1] Il est du jury. trois fois. le 19. 1re audience. Angélique Catherine Boirry, femme de Pierre Bonfant, au service de Mme d'Her-
villy, a émigré en 1789. Son mari est émigré. Elle a continué à
entretenir une correspondance avec lui. Ses intelligences avec les
ennemis extérieurs de la République sont prouvées. La mort.

2e audience. Gaudron, vingt-sept ans, ex-curé constitutionnel
de Négron (district d'Amboise), a tenu dans sa commune des propos violemment contre-révolutionnaires, tendant à empêcher le
recrutement. La mort.

3e audience. Jean-Pierre d'Anquechin-Dorval, ex-noble, officier
municipal de la commune de Montreuil-sur-Seine, et Pierre-
Saturnin Lardin, vigneron, ont tenu des propos contre-révolutionnaires. D'Anquechin aurait dit que « les affaires allaient d'un train
à ne pas pouvoir subsister, que la nation entreprenait trop sur
la noblesse et que la noblesse donnerait du pied au cul de la
nation ». La mort. (Archives nationales. W. 343, n° 659 : W. 344,
n°s 667 et 668.)

sentiments » qu'il prêtait à son personnage[1] ; que Vadier et Vouland sont sinistres ; que Dupin, le joyeux Dupin de Clichy, médite de nouvelles coupes sombres ; enfin, que, Danton mort, un contrepoids formidable manque à la Révolution. Il lui semble parfois que Robespierre, lui-même, se défie de lui. Il lui arrive de frissonner de peur dans son beau logis.

Barère et Dupin viennent encore le voir ; mais ils le font trembler avec leurs mots tranchants comme des couperets. Penché à la fenêtre de la chambre de Vilate, au pavillon de Flore, Barère rêve. Il regarde la ville où s'active une population laborieuse et diligente, et il dit : « Paris est trop grand ; il est à la République par sa monstrueuse population ce qu'est à l'homme l'affluence violente du sang vers le cœur, une suffocation qui dessèche les autres organes et mène à la mort. Sais-tu, Dupin, que l'idée de Néron, quand il mit le feu à Rome, pour avoir le plaisir de la rebâtir, était une idée vraiment révolutionnaire. » Il dit encore : « Nous brûlerons toutes les bibliothèques. Oui, il ne sera besoin que de l'histoire de la Révo-

____
[1] *Causes secrètes*. p. 233.

lution et des lois ; s'il n'y avait pas, sur la terre,
à des époques répétées, de grands incendies, elle
ne serait bientôt plus qu'un monde de papier. »

Et Vilate, qui a noté ces mots, frémit « des
projets régénérateurs » de Barère.

Entre eux, il y a, d'ailleurs, une histoire de
femmes qui les séparera. La Demahi et la
Bonnefoi sont jalouses de sa jolie maîtresse.
Celle-ci, ayant imaginé, « par un de ces caprices
agréables au sexe, de cacher ses superbes cheveux du plus beau noir sous une perruque élégante de longs cheveux blonds », la Demahi
s'en est plainte à Barère. « C'est une prétention
horrible de la part de cette petite de vouloir
donner le ton aux modes. » Barère, « sensible
comme Jupiter aux plaintes de Junon », pré-
vient Payan, l'agent national de la Commune
de Paris, « que l'aristocratie relève la tête, qu'il
s'établit une secte singulière et dangereuse. Des
femmes achètent les cheveux blonds des guillotinés et s'en font faire des perruques, pour
signal de ralliement dans leur dévotion envers
les ennemis de la République ; il faut arrêter
ce désordre [1] ». Et Payan obéit.

[1] *Causes secrètes*, p. 244.

Cette « gentillesse » fait beaucoup rire Barère. Mais Vilate ne rit pas. Il sent que son affectation d'étourderie et son faux enjouement n'amusent plus ces hommes, qui le considèrent avec défiance, qui le raillent et dont les regards se détournent de lui. Les soupers fins, les soupers « à trois étages » chez Vénua ou chez Méot ont lieu plus rarement. Barère et Dupin, cependant, demeurent inséparables ; mêmes goûts, mêmes habitudes. Tout est commun entre eux : maisons, bijoux, femmes, sociétés, boudoirs, voitures. Quant à lui, Sempronius Gracchus Vilate, muscadin amoureux, il peste contre le redoutable gascon, son ami. La vie lui paraît médiocre ; il commence à ne voir dans la Révolution que « jeux ridicules de quelques marionnettes politiques » ou « atrocités sanglantes d'anthropophages ».

Le beau printemps lui semble moins radieux et les Tuileries presque mornes. Les lilas de floréal sont coupés.

CHAPITRE V

La guillotine a eu raison des attentats « commis contre la vertu ». Danton n'est plus, ni
Camille, ni le bel Hérault de Séchelles.

Vilate se souvient des propos de ce dernier,
en frimaire précédent. On dînait chez le restaurateur Méot, dans la chambre rouge. La Révolution
était le sujet des entretiens. Hérault disait
qu'elle pouvait apporter dans le monde des chan-
gements aussi grands que le christianisme en
avait apportés. « Le monde doit sortir enfin de la
nuit des préjugés ; le despotisme des rois sera

éclipsé par la souveraineté des peuples : les rêveries du paganisme et les folies de l'Église remplacées par la raison et par la vérité... La nature sera le Dieu des Français comme l'Univers est son temple. »

Barère répondait : « L'égalité, voilà le contrat social des peuples ». Hérault : « Les anciens n'ont pu instituer la liberté qu'en plaçant l'esclavage auprès d'elle ». Vilate : « Nous avons effacé de la France jusqu'à la domesticité. » Hérault : « L'imbroglio constitutionnel de Condorcet ne nous a-t-il point forcés pourtant à ne faire qu'un impromptu populaire ? Notre Décalogue politique me fait concevoir des craintes. La sanction, de la part du peuple, des lois proposées par le corps législatif, sera-t-elle réelle dans un si vaste empire ? La démocratie sera-t-elle contenue dans ses écarts ? » Barère : « Le pouvoir exécutif, composé de vingt-quatre membres, pourrait bien devenir le conseil suprême des *éphores* à Athènes, de la *justicia* des anciennes Espagnes, le piédestal d'un chef, comme on le voit de nos jours sous différents noms à Venise, en Hollande, en Suisse, en Amérique, en Angleterre... »

Et, comme il était question de l'établissement du gouvernement révolutionnaire, Hérault, enfoncé dans une profonde méditation, avait dit ces mots : « Faut-il qu'une nation ne se régénère que dans un bain de sang? »

— « Qu'est-ce que la génération actuelle devant l'immensité des siècles à venir? » avait conclu Barère[1].

Régénérer, tel est le mot d'ordre. La suppression de Danton, de Camille, d'Hérault de Séchelles n'est-elle pas la conséquence logique des principes énoncés par Billaud-Varenne, le « patriote rectiligne », quelques mois auparavant (14 frimaire an II). « La régénération d'un peuple doit commencer par les hommes les plus en évidence, non pas seulement parce qu'ils doivent l'exemple, mais parce qu'avec des passions plus électrisées, ils forment toujours la classe la moins pure, surtout dans le passage d'un long état de servitude au règne de la liberté. »

La *probité*, la *justice*, la *vertu* sont à l'ordre du jour. La Révolution sera une renaissance. L'opinion déconcertée se tourne vers Robes-

[1] *Causes secrètes*, p. 235.

pierre. Seul, il eût été un gouvernement. L'Incorruptible attend son heure. Pour le moment, deux obstacles se dressent devant lui : ce sont les lois agraires dont il défend le principe, mais dont il redoute l'application, et l'opposition des comités de villages qu'il pressent[1].

Comité de village autant et plus qu'aucun autre, le Comité de salut public. A en croire Vilate, il se trouve presque toujours désert ; il se compose, le plus souvent, d'un, deux ou trois de ses membres alternativement. Ce sont eux qui commandent, eux qui ordonnent, sans la participation des autres, selon que le hasard les a amenés. Ils ont l'assentiment tacite de tous les autres, qui approuvent de confiance. « Travaillant chacun à part dans leur laboratoire, ils ne se rassemblaient, dit-il, que dans des cas extraordinaires de danger et de crise, et, alors, quelques-uns des membres du Comité de sûreté générale étaient appelés. » Aucun plan dans le travail ; l'empire des incidents et l'influence des subalternes présidant à l'expédition des affaires. Des mesures insuffisantes, disparates, souvent contradictoires, propageant le

[1] Vilate. *Causes secrètes*, p. 220.

désordre, l'effroi et le désespoir sur tous les points de la République. Le principe qui faisait tout aller était une tendance presque naturelle à la tyrannie, aux mesures fortes, vigoureuses et terribles, que tous, maîtrisés par la gravité des choses (qui, par là, en devenaient plus aggravantes), avaient adoptées simultanément, moins encore par un sentiment réfléchi que par une inquiétude d'esprit disposée à tout faire avec emportement et violence.

De là des tiraillements d'opinion, des jalousies, des défiances, des disputes, enfin la division favorable à la liberté sur le point où ils étaient le plus d'accord : la proscription d'une partie de la Convention nationale. Il y avait là plus de tyrannie, plus de despotisme qu'au divan de la Porte ottomane, et, en même temps, moins d'unité, de force, d'ensemble dans l'ordre et l'exécution [1]. »

D'après Vilate, le « chaos résultant de cet état de choses entrait dans les vues ambitieuses de chacun des tyrans ».

Le 18 floréal (7 mai 1794), Robespierre, prononce, à la Convention, son fameux discours

[1] *Causes secrètes*, p. 228. 229.

sur la Divinité : « Exaltez tous les sentiments généreux et toutes les grandes idées morales qu'on a voulu éteindre. Rapprochez par le charme de l'amitié et par le lien de la vertu les hommes qu'on a voulu diviser.

« Qui donc t'a donné la mission d'annoncer au peuple que la divinité n'existait pas, ô toi qui te passionnes pour cette doctrine aride de l'athéisme et qui ne te passionnas jamais pour la Patrie ?

« Quel avantage trouves-tu à persuader à l'homme qu'une force aveugle préside à ses destinées et frappe au hasard le crime et la vertu, que son âme n'est qu'un souffle léger qui s'éteint aux portes du tombeau ?

« L'idée du néant lui inspirera-t-elle des sentiments plus purs et plus élevés que celle de son immortalité ? Lui inspirera-t-elle plus de respect pour ses semblables et pour lui-même, plus de dévouement pour la Patrie, plus d'audace à braver la tyrannie, plus de mépris pour la mort et pour la volupté ?

« Vous qui regrettez un ami vertueux, vous aimez à penser que la plus belle partie de lui-même a échappé au trépas ! Vous qui pleurez sur le cercueil d'un fils ou d'un époux, êtes-vous

consolés par celui qui vous dit qu'il ne reste plus
rien d'eux qu'une vile poussière ? Malheureux,
qui expirez sous les coups d'un assassin, votre
dernier soupir est un appel à la justice éternelle ! L'innocence sur l'échafaud fait pâlir le
tyran sur son char de triomphe. Aurait-elle cet
ascendant si le tombeau égalisait l'oppresseur
et l'opprimé?

« Si l'existence de Dieu, si l'immortalité de
l'âme n'étaient que des songes, elles seraient
encore la plus belle des conceptions de l'esprit
humain ! »

Robespierre affirme son respect pour la liberté
de conscience ; il recommande la tolérance en
matière religieuse et prononce l'éloge de Rousseau; il raille vertement les philosophes adversaires de Jean-Jacques, « charlatans ambitieux
qui avaient été pensionnés par tous les despotes,
tout en déclamant parfois contre le despotisme
et, fiers dans leurs écrits, s'étaient montrés
rampants dans les antichambres ».

Il flétrit Condorcet [1] ; puis, s'adressant aux
prêtres :

[1] « N'étaient-ce point Condorcet et ses collaborateurs de la *Chro-*

« Fanatiques, n'espérez plus rien de nous… Rappeler les hommes au culte pur de l'Être suprême, c'est porter un coup mortel au fanatisme. Toutes les fictions disparaissent devant la Vérité et toutes les folies tombent devant la Raison.

« Sans contrainte, sans persécution, toutes les sectes doivent se confondre d'elles-mêmes dans la religion universelle de la Nature. Nous vous conseillerons donc de maintenir les principes que vous avez manifestés jusqu'ici.

« Que la liberté des cultes soit respectée, pour le triomphe même de la Raison ; mais qu'elle ne trouble point l'ordre public et qu'elle ne devienne point un moyen de conspiration. Si la malveillance contre-révolutionnaire se cachait sous ce prétexte, réprimez-la, et reposez-vous du reste sur la puissance des principes et sur la force des choses.

« Prêtres ambitieux, n'attendez donc pas que nous travaillions à rétablir votre empire. Une telle entreprise serait même au-dessus de notre puissance…

nique, qui s'étaient ingéniés à faire de lui un prêtre, et à le présenter toujours suivi d'un cortège de dévotes ? » (Hamel, *Vie de Robespierre*, III, p. 515).

« Vous vous êtes tués vous-mêmes et on ne revient pas plus à la vie morale qu'à la vie physique. Et d'ailleurs, qu'y a-t-il entre les prêtres et Dieu? Les prêtres sont à la morale ce que les charlatans sont à la médecine. Combien le Dieu de la nature est différent du Dieu des prêtres!

« Je ne connais rien de si ressemblant à l'athéisme que les religions qu'ils ont faites. A force de défigurer l'Être suprême, ils l'ont anéanti autant qu'il était en eux ; ils en ont fait tantôt un globe de feu, tantôt un bœuf, tantôt un arbre, tantôt un homme, tantôt un roi. Les prêtres ont créé Dieu à leur image ; ils l'ont fait jaloux, capricieux, avide, cruel, implacable. Ils l'ont traité comme, jadis, les Maires du Palais traitèrent les descendants de Clovis, pour régner sous son nom et se mettre à sa place. Ils l'ont relégué dans le ciel comme dans un palais et ne l'ont appelé sur la terre que pour demander à leur profit des dîmes, des richesses, des honneurs, des plaisirs et de la puissance.

« Le véritable prêtre de l'Être suprême, c'est la Nature ; son temple, l'Univers: son culte, la Vertu ; ses fêtes, la joie d'un grand peuple rassemblé sous ses yeux pour resserrer les doux nœuds de la Fraternité universelle et pour lui présenter l'hommage de cœurs sensibles et purs. »

Le peuple français doit reconnaître l'existence de l'Être suprême et de la divinité de l'âme. Le culte nouveau consistera dans la pratique des devoirs de l'homme (haine de la mauvaise foi et de la tyrannie, châtiment des tyrans et des traîtres, secours aux malheureux, respect des faibles, défense des opprimés, secours mutuels, justice égale pour tous) Les fêtes décadaires seront consacrées à l'Être suprême, au Genre humain, à la Liberté et à l'Égalité, à l'amour de la Patrie, à la Justice, à la Vérité, à la Pudeur, à l'Amitié, à la Gloire, « non à cette gloire qui ravage et opprime le monde, mais à celle qui l'affranchit, l'éclaire, le console ». Une fête, vouée au Malheur soulagé par l'Humanité, aura sa raison d'être, puisque l'Humanité est impuissante à le bannir de la terre.

Décrété au milieu d'acclamations et d'applaudissements enthousiastes, le rapport de Maximilien fut relu le soir même aux Jacobins par l'auteur. L'auditoire des Amis de l'Homme et de l'Égalité témoigna de sentiments égaux à ceux des membres de la Convention nationale.

Vilate l'avoue : « Robespierre, lui-même, paraissant enfin ouvrir les yeux sur tant de calamités publiques, contribua à mon retour vers la vie par la lecture de son discours prononcé aux Jacobins sur la Divinité. Il semblait, de bonne foi, résolu d'arrêter le torrent dévastateur. L'histoire mettra en problème s'il n'en excitait pas sourdement l'action, à dessein d'avoir le suprême mérite, aux yeux de la nation, d'être le dieu libérateur qui, seul, fermerait l'abîme de la destruction et ramènerait les hommes aux espérances du bonheur [1]. »

Vilate raille, plus loin, il est vrai, quand il écrit : « Toutes ces mesures de salut public et de sûreté générale, que la mort semblait seule avoir inventées, étaient en pleine activité, tandis que, pour distraire le peuple des sentiments d'effroi qu'elles devaient lui inspirer, le géant Robespierre offrait au cœur des hommes, avec tous les charmes séducteurs de l'éloquence philanthropique, le dogme consolateur de l'Être suprême, et de l'Immortalité de l'âme. La Convention nationale, subjuguée elle-même, consacrait cette idée sublime et mettait au rang

---

[1] *Causes secrètes*, p. 189.

des devoirs du républicain, la haine des tyrans, les secours envers les opprimés, le désir de faire à autrui ce qu'on veut qui nous soit fait. Non, jamais on ne voila un aussi vaste dessein que celui du système agraire, avec plus d'art et plus d'adresse[1]. »

Peu de jours après, le **24** floréal (13 mai), Vilate siégeait de nouveau au Tribunal.

Il avait à juger Rollet d'Avaux, ex-noble, ancien président du présidial de Riom, sa femme et leur notaire. « Instruments du ci-devant évêque de Clermont, émigré, ils voulaient opérer la contre-révolution dans le département de l'Allier. » Ils correspondaient avec les émigrés. Bender, le banquier, écrivait de Bruxelles : « **A vingt jours de date, je paierai à l'ordre du roi de France la somme de tout mon sang pour le recouvrement de sa liberté et de sa personne, sans préjudice aux droits contre les coquins qui l'ont humilié, les scélérats qui l'ont outragé et les Jacobins qui ont voulu l'assassiner. (A Bruxelles, le 25 mai 1791)** [1]. » Cette lettre est considérée par Fouquier-Tinville comme un

---

[1] *Causes secrètes.* p. 193.

« signe de ralliement » entre les contre-révolutionnaires. — Les jurés sont affirmatifs sur la culpabilité. La peine capitale est prononcée[1].

Le 26 floréal (15 mai), Vilate est juré dans deux affaires : à dix heures, celle de la veuve Guibel, trameuse, de la femme Nasse, couturière, de la femme Jongleur, ouvrière, et de Louis Dupont, menuisier, accusés d'avoir correspondu avec les détenus de la maison d'arrêt de Rouen. Fouquier-Tinville soutient l'accusation ; mais le jury les acquitte [2]. A midi, l'affaire de Bertrand, ferblantier, et étapier[3], originaire du Puy-de-Dôme, domicilié dans la Côte-d'Or, à Seurre (district de Saint-Jean-de-Losne). Il a fourni à un détachement de volontaires nationaux du vin gâté. Le fait est constaté par procès-verbal d'expert : « Visite faite des caves et magasins dudit Bertrand, dit ce procès-verbal, le vin qui y a été trouvé était de même nature que celui qui a donné lieu à la réclamation des volontaires ; preuve évidente que ledit Bertrand, dirigé par sa cupidité et son égoïsme, préférait

---

[1] Archives nationales, W. 364, n° 796.
[2] Archives nationales. W. 366. n° 811.
[3] Aubergiste.

son vil intérêt à l'existence de nos braves défenseurs et, par conséquent, au succès de leurs armes et à la prospérité de la République[1]. » Bertrand est condamné à mort.

Le 28 floréal (17 mai), six accusés : Rougane, ci-devant curé, soixante-dix ans, demeurant au Mont-Valérien ; Romé, ex-noble, habitant Paris ; Isnard, cultivateur des Bouches-du-Rhône ; Dusaulnier, ex-noble, habitant le Puy-de-Dôme ; Millange, un Cévenol, quartier-maître trésorier du 1er corps des hussards de la Liberté ; Périllat, habitant du département du Mont-Blanc, journalier, tous conspirateurs. Rougane est l'auteur d'ouvrages contre-révolutionnaires dans lesquels il comparait sa résignation aux « horreurs » révolutionnaires avec celle de Daniel et des chrétiens persécutés par Néron. Il a écrit : « La République est établie ; la résistance, au moins dans les lieux où cette république domine, serait inutile ; on peut, on doit donc s'y soumettre au moins provisoirement. » Tous, ils sont condamnés à mort[2].

[1] Acte d'accusation de Fouquier-Tinville. Archives nationales, W. 366, n° 814.

[2] Archives nationales, W. 366, n° 818.

Huit accusés sont jugés par lui, le 2 prairial :
Claude Simard, ex-prêtre ; Isaac Mégret, tisse-
rand, volontaire du bataillon de la section Beau-
repaire, à Paris ; Robert Meunier, bonnetier,
chasseur du 13e régiment ; Pierre Annereau,
tailleur, ci-devant dragon au 19e régiment ;
François Vassal, ex-noble ; Élisabeth Ragot,
ex-religieuse ; Antoine Roger, palefrenier, « ci-
devant au service d'Égalité fils. » Le prêtre
Simard et Élisabeth Ragot, accusés d'intelligences et de correspondances avec les ennemis
de la République, Vassal (du Lot), qui a émigré
et correspondu avec les émigrés, sont condamnés à mort. Les autres sont acquittés [1].

Le 14 prairial, Vilate juge dix accusés :
Ce sont : Canolle père et fils, qui ont « conspiré avec l'infàme Calonne au moment où
celui-ci tramait la perte de la France par la
déprédation excessive des finances » ; Dupuy,
aide de camp du général Brunet ; Costard,
« contre-révolutionnaire depuis 1789 » ; Dorty,
adjoint de Bournonville ; Provenchère, prévenu
d'avoir passé un marché frauduleux de 18 000 ha-
vresacs ; Fortin, qui a fourni dans cette affaire

____

[1] Archives nationales. W. 370, n° 825.

un pot-de-vin ; Barth, qui a fait une livraison défectueuse de porte-manteaux pour la cavalerie ; Boullay, qui a déclaré bons et conformes au modèle ces porte-manteaux ; Lemarcant, l'ouvrier qui les a coupés.

Vilate et les autres jurés acquittent le fils Canolle, Boulay et Dupuy. Pour les autres, la peine capitale [1].

Vilate juge huit accusés, le 9 prairial (28 mai). Ce sont : Villemain, journalier ; Dumazet, colporteur ; Baillot, râpeur de tabac, porté déserteur du bataillon des Gravilliers, Baillot, « qui s'était envolé pour la Vendée » ; Françoise Chevalier, lingère ; Simon, domestique d'un conseiller au Parlement de Besançon ; Anne Mataverne, lingère, Gautier, charpentier, et sa femme. — Fouquier-Tinville estime qu'ils ont entretenu des intelligences avec les émigrés et qu'ils sont coupables de propos contre-révolutionnaires. Anne Mataverne, Gautier et sa femme sont acquittés. Le journalier, le colporteur, le râpeur de tabac, la lingère, le domestique subiront la peine capitale [2].

[1] Archives nationales, W. 371, n° 835.
[2] *Ibid.*, W. 375, n° 847.

Ce même jour, comparaissait devant le Tribunal un ami de Vilate, Hermann, claveciniste d'un grand talent réputé pour avoir donné des leçons de piano-forte à la reine, et qui en donnait encore à Barère et à Dupin. Hermann était professeur de piano-forte à l'Institut national de musique.

Vilate l'avait rencontré chez Barère et chez le joyeux Dupin de Clichy. Une sympathie réciproque les avait attirés l'un vers l'autre. Entre eux, mêmes goûts d'élégance et de luxe.

Le 6 prairial, Hermann, curieux d'assister à une séance du Tribunal, avait demandé à Vilate de l'y conduire ; Vilate l'avait placé au Parquet pour être témoin des débats « et pour jouir de ce spectacle imposant ». A peine assis, Hermann était dénoncé par le juré Châtelet, homme sombre qui mettait un F à côté du nom des accusés pour indiquer que ceux-ci étaient *foulus*[1].

---

[1] Dénonciation du juré Châtelet contre Hermann, claveciniste : Claude-Louis Châtelet, juré près le Tribunal révolutionnaire, comparaît le 6 prairial, à midi devant Dobsen, juge, en présence, de Naulin, substitut, assisté de Raymond Josse, commis greffier, et déclare qu'il vient de reconnaître dans la salle de l'Égalité « un jeune homme à lui connu pour musicien claveciniste et qu'il a vu à diverses époques, depuis la Révolution, au spectacle avec le nommé Champcenetz, Rivarol et autres individus notés pour leur aristocratie ; qu'il est à sa connaissance que ce particulier a été arrêté par le Comité révolutionnaire de la Section des Piques, à

Une dénonciation avait été déjà faite contre Hermann, le 31 mai de l'année précédente, au moment où la section des Piques était assemblée dans le jardin des Capucines, attendant les ordres du commandant de la force armée et ceux de la Convention. Laurent, commissaire du Comité de surveillance de la section, avait remarqué l'attitude de « trois particuliers » qui n'étaient autres qu'Hermann, le comte et le marquis de Livry. Il leur avait adressé la parole. Ceux-ci lui avaient répondu qu'ils cherchaient leur compagnie.

« Leur manière de répondre, leurs figures et leurs costumes » les avaient rendus suspects au commissaire Laurent. Celui-ci les avait fait conduire au Comité de surveillance où ils avaient été interrogés. Des citoyens étaient venus déclarer qu'ils demeuraient rue des Capucines, qu'ils

l'époque de la première arrestation des gens suspects, étant alors logé rue des Capucines dans une maison qui ne renfermait alors que des individus, infiniment suspects : qu'il ignore comment il s'est tiré de cette arrestation ; mais que le Comité pourra donner les renseignements convenables et nécessaires : ajoute que l'individu en question affichait un luxe insolent en habits et cabriolet, et qu'il avait alors tous les signes extérieurs qui caractérisoient les contre-révolutionnaires et la secte parasite des muscadins : qu'il a ouï dire que l'homme en question fréquentait journellement les Thuilleries et était un des bas valets de la femme Capet et placé sur la liste civile ». Archives nationales, W. 375, nᵒ 845.

tenaient un tripot, qu'ils avaient demeuré rue
de Provence et ensuite au Marais, rue Portefoin ;
qu'un soir le propriétaire du comte de Livry
s'était présenté au Palais Égalité pour demander
le payement de ses loyers et que « ces messieurs » l'avaient traîné par les cheveux... Mais,
chez eux, on n'avait trouvé aucune preuve à
l'appui de ces déclarations. Ils avaient été
remis en liberté.

Ce que Châtelet, sans-culotte aux convictions
robustes, n'admettait pas chez Hermann, c'était
son « luxe insolent en habits » et son cabriolet ;
c'étaient ces « signes extérieurs qui caractéri-
saient les contre-révolutionnaires et la secte
parasite des *muscadins* » ; c'était enfin d'avoir
été « un des bas valets de la femme Capet et
d'avoir été placé sur la liste civile ».

Hermann, dénoncé, fut arrêté immédiatement, sur mandat de Fouquier-Tinville, et incarcéré à la Conciergerie. Vilate dit avoir été,
alors, « traité lui-même de conspirateur ».

Le musicien se défendit en homme d'esprit.
Dans une lettre à Fouquier, datée du jour de sa
comparution devant le Tribunal, il déclare que,
s'il a connu Vilate, c'est chez de bons patriotes.

les citoyens Barère et Dupin, et qu'il est lui-même
un excellent patriote. Un artiste ne peut être
accusé « d'avoir donné des leçons de l'art qui le
fait vivre ainsi que sa famille, nombreuse et
indigente. » Il prie l'accusateur public d'examiner, sans délai, la dénonciation portée contre
lui « qui l'arrache à des devoirs d'autant plus
précieux qu'ils sont commandés par la Convention elle-même qui a ordonné un grand
concert pour le 11 », dans lequel « il doit faire
entendre ses talents ». Il a ses certificats de
civisme et de résidence. Toutes les pièces
prouvent son patriotisme « et sont la sauvegarde du citoyen ». D'ailleurs, les membres du
Comité d'Instruction publique et de Salut public,
« qui connaissent ses faibles talents », n'ignorent pas ce dont on veut lui faire un crime
aujourd'hui [1]... Hermann est acquitté et remis
en liberté.

Vilate assure, dans ses Mémoires, qu'il
multiplia les démarches et instances auprès
du président du Tribunal, Dumas, et auprès
de l'accusateur public Fouquier-Tinville;

____

[1] Archives nationales. W. 375, n° 845.

qu'il ne craignit pas de les importuner et qu'à
l'insu des dénonciateurs de son ami, il par-
vint « à jouir du doux plaisir de le délivrer
de l'esclavage ». « Je lui portai moi-même
son brevet de liberté. Quelle joie ! quels transports ! Que de précautions ensuite pour nous
revoir et nous rappeler cette scène touchante[1] ! »

Mais « une sombre défiance » s'est emparée
de tous les esprits.

« Les émissaires furent multipliés. L'espion-
nage incommodait comme une nuée d'insectes.
Les maîtres de maison craignaient leurs commis,
leurs domestiques. L'ami s'éloigna de son ami :
les frères tremblaient d'avoir des divisions ; le
père eut peur de ses enfants ; les enfants se
méfièrent de leurs pères. Tous les liens de la
société des hommes furent à la fois comme brisés
et détruits. L'amour, ce sentiment impérieux de
la nature, fut empoisonné dans son intimité,
dans ses plaisirs.

« Sourire à tel individu, ou seulement le
regarder, était assez pour être suspect et préci-

[1] *Causes secrètes*, p. 199.

pité dans les cachots[1]. » « Depuis l'affaire de Danton, j'étais absorbé, j'étais devenu l'objet des soupçons, des défiances, même des humiliations. On m'avait reproché d'avoir dîné avec Brival à Saint-Cloud[2]. »

Et comment en eût-il été autrement? Brival n'était-il pas, de l'aveu même de Vilate, un ami de Tallien? Or, celui-ci, avec Fouché, Rovère, les deux Bourdon, Guffroy le journaliste, Thuriot, Lecointre de Versailles, Legendre et Fréron opéraient déjà sourdement pour faire le vide autour de Maximilien, en l'isolant à la fois des gens de la droite et des membres les plus avancés de la montagne. Tallien, le *sauveur de la France*, longtemps rampant devant Robespierre, allait passer à la contre-Révolution. Fouché, le mitrailleur de Lyon; Rovère, l'associé de Jourdan coupe-tête dans le trafic des biens nationaux; Thuriot de la Rosière, l'un des plus acharnés contre les Girondins; Lecointre, riche marchand de toiles et spéculateur révolutionnaire; Legendre, le boucher, cet homme prompt à livrer qui se confiait à

[1] *Causes secrètes*, p. 198.
[2] *Ibid.*, p. 199.

lui[1]; Fréron, le futur chef de la jeunesse dorée, qui proposa de raser l'Hôtel de Ville, allaient bientôt se signaler parmi les thermidoriens de la première heure.

L'attentat de la nuit du 4 prairial, dirigé par Admiral contre Collot d'Herbois, l'énigmatique visite faite chez Robespierre par la jeune Cécile Renault, dans les poches de laquelle on avait trouvé deux petits couteaux, l'idée d'une « vaste » conjuration de l'étranger, celle que les Comités de Salut public et de Sûreté générale allaient porter atteinte à la Convention en faisant arrêter un certain nombre de représentants ; tout, dans l'obscurité des événements, contribuait à « épaissir le voile » sur les yeux de Vilate. La fluctuation de son âme était devenue « extrème ».

Vilate continue cependant à siéger au tribunal.

Le 11 prairial (30 mai), six accusés sont assis en face de lui : Bégu, quarante ans, chef du pre-

---

[1] Voir *Papiers inédits de Courtois*, la lettre de Marcandier à Legendre et la dénonciation de celui-ci au Comité de Sûreté générale, t. I, p. 179 et 183.

mier bataillon d'Indre-et-Loire ; Dubut, trente-
trois ans, fermier dans l'Aube ; Lacroix, trente-
huit ans, cultivateur dans l'Aube ; Lecocq,
soixante ans, ex-curé de la commune de Cot-
tençon (Seine-et-Marne) ; Gillet, dit Michaut,
cinquante ans, potier dans l'Yonne ; Moret,
quarante-six ans, ex-curé dans l'Aube. —
Bégu est accusé d'avoir « favorisé la trahison de
l'infâme Dumouriez », lequel passa au milieu de
son bataillon, adressa même la parole à quelques
volontaires, sans que Bégu l'ait fait saisir. —
Dur aux soldats qu'il laissait sans pain et qu'il
maltraitait, il aurait dit, après la perte de
Valenciennes et l'échec du Camp de César, que
le seul parti à prendre était de mettre le duc
d'York sur le trône. Les autres accusés sont les
auteurs de troubles et d'excitations à la guerre
civile. — Bégu, Moret, Lecocq, Lacroix sont condamnés à mort Les deux autres sont acquittés [1].

Le 13 prairial (1er juin), Vilate juge douze
accusés : Brillon de Saint-Cyr, cinquante-deux
ans, ex-maître des comptes à Paris ; Germain,
trente-huit ans, marchand d'étoffes de soie à
Paris ; Bellet, trente-sept ans, ci-devant audi-

---

[1] Archives nationales, W. 375. n° 848.

teur des comptes ; Chauvereau, trente-sept ans,
commis chez Germain ; L'Herbette, trente-
quatre ans, ci-devant agent de change à Paris ;
Boismarié, vingt-trois ans, à Paris ; Millin du
Perreux, soixante-deux ans, demeurant au Perreux, administrateur des loteries ; Auger, vingt-
trois ans, brigadier-fourrier au 8ᵉ de hussards, à Chaillot ; Lefort, vingt-deux ans,
imprimeur à la Rapée ; Duval, vingt-quatre ans,
brocanteur à Paris ; Lyonnais, vingt et un ans,
canonnier, caserné barrière d'Enfer ; Mégard,
vingt-six ans, fondé de pouvoirs de Torelli,
napolitain, faubourg Saint-Antoine.

Ces douze hommes sont accusés d'avoir
soustrait et caché des fonds appartenant à la
Nation pour fournir « des secours en numéraire aux ennemis extérieurs, » et d'avoir entretenu des correspondances avec eux. Lefort,
Duval et Lyonnais sont acquittés. Les autres
sont condamnés à mort[1].

Le 15 prairial (3 juin), Vilate juge une nouvelle fournée de neuf contre-révolutionnaires :
Lefranc, chirurgien ; Soulier, laboureur ; Michault, cultivateur ; Bal, bon pauvre de Bicêtre ;

[1] Archives nationales. W. 377, nᵒ 860.

Deflandres, brigadier de gendarmerie ; Wiart,
cultivateur ; Guidet, invalide demeurant à Vouziers ; Cordeloy, chirurgien à Verlinghem (Nord) ;
Martin, cordonnier à Delut (Meuse). Lefranc,
Deflandres, Cordeloy. Soulier et Michault ont
tenu des propos contre-révolutionnaires. Wiart
est prévenu de propos inciviques. Bal, le bon
pauvre de Bicêtre, a crié : « Vive le Roi ! »
Soulier, Michault, Bal et Wiart sont acquittés.
Les autres sont envoyés à l'échafaud[1].

Le 17 prairial (5 juin), la fournée qu'il juge
est de 15 personnes. C'est la femme de Thomas
Guiller, dit Nonac, ex-noble et ex-secrétaire
du roi. C'est un receveur de l'enregistrement.
Ce sont une cuisinière, une femme de charge,
un cocher, un portier, un imprimeur, un ex-
curé constitutionnel. C'est le marquis de Ville-
neuve-Trans. Ce sont un domestique du duc
de Luxembourg, un employé aux domaines
nationaux, un blanchisseur, une ex-noble, Marie-
Madeleine Perrier, veuve Fontenay, des ex-
secrétaires du roi. Six d'entre eux sont condamnés à mort[2].

[1] Archives nationales, W. 379, n° 871.
[2] Ibid., W. 379, n° 875.

Le 19 prairial (7 juin), il juge encore deux cultivateurs, un ex-noble, un volontaire, un menuisier, un domestique et une cuisinière de l'ex-ministre Rolland, accusés de propos et délits contre-révolutionnaires, de cris de : « Vive le Roi ! » Trois des prévenus sont condamnés à la peine capitale ; les autres sont acquittés [1].

Ce soir-là, Paris se parait et se préparait pour la fête du lendemain que Robespierre avait consacrée à l'Être suprème. L'émotion produite par l'attentat d'Admiral s'était peu à peu calmée. La Convention nationale, dans sa séance du 16 prairial au soir, avait, à l'unanimité, élu Maximilien président pour la seconde fois [2]. De grands travaux d'embellissement pour le Palais national et pour ses alentours avaient été décidés par le Comité de salut public. La cour des Tuileries, du côté du Carrousel, serait fermée par un stylobate circulaire. « Des figures représentant les vertus républicaines seraient placées sur des socles posés sur une seule base,

[1] Archives nationales, W. 384. n° 878.

[2] 16 prairial an II (4 juin 1794). Il eut pour secrétaires : Cambacérès, Michaud et Briez.

symbole de l'unité de la République. » Sur le haut
du Dôme national, une statue de bronze, représentant la Liberté debout, tiendrait le drapeau
tricolore d'une main, la Déclaration des droits
de l'homme, de l'autre ; à l'entrée de la cour,
les statues de la Justice et du Bonheur public
porteraient, suspendu, le niveau de l'Égalité ;
sur la terrasse, devant le Palais national, des
files d'orangers, des statues, des vases et des
bustes, s'aligneraient jusqu'au parterre ; les
orangers de Versailles, ceux de Meudon, ceux
de Saint-Cloud seraient transportés aux Tuileries. Dans la cour des ci-devant Feuillants, une
orangerie serait construite pour renfermer les
arbres pendant l'hiver.

Au-dessous de la terrasse des Feuillants
élargie, le jardin serait converti en palestre
pour les exercices de gymnastique des jeunes
gens. Le long de cette terrasse, un portique,
ouvert au midi, se prolongerait sur toute
l'étendue du palestre et contiendrait une expo-
sition de tableaux « capable de développer et de
diriger les passions généreuses de l'adolescence. » La terrasse des Feuillants, garnie
d'orangers, de grenadiers et de vases, se termi-

nerait par un bosquet ouvert en pente douce du côté de la place de la Révolution[1]. Une vaste esplanade, devant la terrasse des orangers, serait destinée à rassembler le peuple dans les jours de fêtes publiques. Le grand bassin circulaire devait être converti en une fontaine composée des principaux fleuves de la France. Les deux bassins latéraux seraient changés en deux fontaines, l'une dédiée à la Liberté, l'autre à l'Égalité. Des arbres seraient abattus pour *aérer* les allées. Des monuments de marbre, des exèdres, « semblables à ceux où les philosophes grecs donnaient leurs instructions », prendraient la place des arbres.

Sur la place de la Révolution, à l'entrée du Jardin national, la statue de la Liberté, « élevée sur le piédestal de l'avant-dernier tyran des Français », serait remplacée par une autre statue debout, plus grande. On réunirait les deux colonnades du garde-meuble par un arc-de-triomphe « en l'honneur des victoires remportées par le peuple sur la tyrannie ». Des deux côtés de la statue de la Liberté, entre les arcs-de-triomphe, des fontaines d'eau jaillis-

---

[1] Aujourd'hui place de la Concorde.

santes, consacrées à l'Utilité publique, porteraient des emblèmes révolutionnaires. Sur le pont de la Révolution, des statues de bronze antiques provenant de la liste civile et des émigrés profileraient leurs silhouettes classiques.

L'entrée des Champs-Élysées serait agrandie. Les chevaux de Marly seraient placés à l'entrée, face à ceux du pont tournant; des portiques accompagneraient ces quatre groupes équestres, des deux côtés de la place. Les représentants du peuple, David, Granet et Fourcroy, avaient été chargés le mois précédent de la surveillance et de la prompte exécution de ces travaux.

* *
*

Un crépuscule d'une admirable pureté, d'une douceur infinie tombait sur la ville, présage d'un lendemain triomphal. Vilate, en rentrant du Tribunal, s'était distrait le long des quais, du Palais de Justice au pavillon de Flore, à voir l'insouciance légère du peuple, si facile à amuser.

Pour un jour, ce peuple voulait oublier les charrettes du bourreau, le maximum, les assignats, la disette et la faim, l'or de Pitt et les ambitions du duc d'York. Aux fenêtres des maisons commençaient à claquer les banderolles tricolores. Devant les portes, des arbres ornés de feuillages s'érigeaient. Partout des festons de fleurs en guirlandes. L'air était embaumé du parfum des roses. La ville se transformait en un immense jardin. Et, sur la Seine, de Bercy au Champ de Mars, dans la splendeur nocturne de l'eau vivante, le long des berges, sous les ponts, glissaient, pavoisées aux trois couleurs, dans un continuel frissonnement de lumières et de moires changeantes, les embarcations innombrables et joyeuses.

CHAPITRE VI

Dans le Paris révolutionnaire où la marche des événements se fait de plus en plus violente et précipitée, les fêtes républicaines sont des haltes bruyantes et retentissantes que les pouvoirs publics décrètent et règlent.

Quel spectacle que celui de la ville, le 20 prairial, dès cinq heures du matin, à l'instant où battait le rappel général ! Des Tuileries au Champ de Mars, sur les deux rives de la Seine, dans toutes les sections, dans toutes les rues, les façades des maisons cachées sous d'épais feuillages ornés des « trois couleurs chéries de la Liberté ». Plus de ces tapisseries lourdes « qui avaient le double inconvénient de masquer d'une

manière choquante la porte du riche et celle du
simple citoyen et de rendre presque imprati-
cable la plus grande partie des rues » ; la route
libre, au contraire, et « tout l'espace nécessaire
aux lentes évolutions du cortège bien ordonné ».

Aux Tuileries, foule énorme. Sur le Pont-
Neuf, le canon tonne. Le moment de se rendre
au Jardin national est arrivé. De toutes parts,
sauf par le pont tournant réservé à la sortie du
cortège, les sections entrent dans le jardin. Les
portes du Manège, du Pont national, du pavillon
de l'Unité regorgent de monde.

La Convention paraît. Elle descend majestueusement par le balcon du pavillon de l'Unité
sur l'amphithéâtre adossé à ce pavillon. Un
corps nombreux de musiciens prend place sur
les deux rampes du perron.

Robespierre, président de l'Assemblée, monte
à la tribune.

Quand il prend la parole, dans cette chaude et
claire matinée du dimanche 8 juin 1794, le
silence, tout à coup, se fait si profond, l'attention
de cette foule est telle, la diction de l'orateur est
si nette et si pure qu'en dépit des distances,

malgré le plein air, on l'entend de toutes parts ; de vifs applaudissements scandent les périodes éloquentes. L'enthousiasme est universel. La voix de Maximilien détache les termes solennels de la péroraison : « Peuple généreux, veux-tu triompher de tous tes ennemis ? Pratique la justice et rends à la Divinité le seul culte digne d'elle. Peuple, livrons-nous aujourd'hui, sous ses auspices, aux justes transports d'une pure allégresse ; demain, nous combattrons encore les vices et les tyrans ; nous donnerons au monde l'exemple des vertus républicaines et ce sera l'honorer encore ».

Puis, tandis que les musiciens exécutent une symphonie, Robespierre, « armé du flambeau de la Vérité », descend de l'amphithéâtre, s'approche du monument élevé sur le bassin circulaire et qui représente « le monstre de l'Athéisme ». Il y met le feu et remonte à la tribune. Pendant que le feu fait son œuvre et que la figure radieuse de la Sagesse apparaît au lieu et place de l'Athéisme dévoré par la flamme, Maximilien parle de nouveau au peuple :

« Il est rentré dans le néant, ce monstre que le génie des rois avait vomi sur la France.

Qu'avec lui disparaissent tous les crimes et tous les malheurs du monde.

« Être des êtres, auteur de la nature, l'esclave abruti, le vil suppôt du despotisme, l'aristocrate perfide et cruel t'outragent en t'invoquant : mais les défenseurs de la Liberté peuvent s'abandonner avec confiance dans ton sein paternel. Être des êtres, nous n'avons point à t'adresser d'injustes prières. Tu connais les créatures sorties de tes mains ; leurs besoins n'échappent pas plus à tes regards que leurs plus secrètes pensées. La haine de la mauvaise foi et de la tyrannie brûle dans nos cœurs avec l'amour de la Justice et de la Patrie ; notre sang coule pour la cause de l'Humanité. Voilà notre prière, voilà nos sacrifices, voilà le culte que nous t'offrons. »

Un roulement de tambours. C'est le moment de partir pour le Champ de Mars ou Champ de la Réunion. Voici l'ordre et la marche du cortège : un détachement de cavalerie, précédé de ses trompettes ; les sapeurs-pompiers, les canonniers, un groupe de cent tambours et élèves de l'Institut national, vingt-quatre sections marchant sur deux colonnes, de chacune six personnes de front, les hommes à droite, les femmes et les enfants à gauche, les bataillons d'adolescents au centre des deux colonnes de leurs sections respectives. Dans le milieu des vingt-quatre sections, un corps de musique destiné à l'armée du Nord, dix vieillards, dix mères de famille, dix jeunes filles de quinze à vingt ans, dix adolescents de quinze à dix-huit ans, dix enfants mâles au-dessous de neuf ans; les mères en blanc, le ruban tricolore en écharpe de droite à gauche, les jeunes filles en blanc comme leurs mères, les cheveux tressés de fleurs. Les adolescents portent des sabres qu'ils devront brandir au Champ de Mars. Un corps de musique exécute des airs patriotiques. La Convention nationale s'avance, entourée d'un ruban tricolore porté par l'Enfance ornée de violettes, l'Adolescence ornée de myrthe, la Virilité ornée de chêne, et la Vieillesse ornée de pampre et d'olivier.

Chaque député porte à la main un bouquet d'épis de blé, de fleurs et de fruits.

Au centre de la Convention, un char de forme antique, orné d'un trophée composé des ins-

truments des arts et métiers et des productions
du territoire français. Huit taureaux, enguirlan-
dés, le traînent.

Cent tambours suivent le char, puis vingt-
quatre sections dans le même ordre que les
premières. Au milieu d'elles, le char des Enfants
aveugles qui chantent un hymne à la Divinité ;
et, fermant la marche, un corps de cavalerie.

Ce long défilé sort des Tuileries, contourne
la statue de la Liberté. La guillotine chôme ce
jour-là. Par la place et par le pont de la Révolution, par le bord de l'eau, par l'esplanade des
Invalides, par l'avenue de l'École-Militaire, l'immense cortège atteint le Champ de Mars.

Là, d'immenses équipes de terrassiers ont, en
quelques jours, dressé une montagne « fort
élevée, avec tous ses accidents[1] ».

La colonne des hommes se déploie à droite,
celle des femmes à gauche. Le premier groupe de
tambours se place derrière, en bordure de la
Seine. En cercle, autour de la montagne, un
bataillon d'adolescents ; à droite, les groupes de
vieillards et d'adolescents mêlés ; à gauche, les

[1] *Journal de Paris*, n° du 22 prairial an II.

jeunes filles et les mères de famille, conduisant par la main les enfants de sept à dix ans.

La représentation nationale occupe la partie la plus élevée de la montagne. Les musiciens sont au centre. En peu d'instants, de la base au sommet, « dans toutes ses cavités », la montagne se couvre de citoyens et de citoyennes, de trophées militaires, de drapeaux, de piques, d'armes de tout genre, de musiciens dont les instruments brillent au grand soleil.

L'hymne à l'Être suprême est chanté par l'Institut national ; une symphonie est exécutée. Les vieillards et les adolescents entonnent une première strophe sur l'air des Marseillais. Ils jurent ensemble de ne poser les armes qu'après avoir anéanti les ennemis de la République. Tous les hommes, dans la foule massée sur le Champ de la Réunion, répètent en chœur le refrain. Les mères de famille et les jeunes filles chantent une seconde strophe. Les jeunes filles promettent de n'épouser que des citoyens qui auront servi la patrie. Les mères remercient l'Être Suprême de leur fécondité.

Dans la foule, toutes les femmes répètent en chœur le refrain. La troisième et dernière strophe est chantée par la foule tout entière. Les mères soulèvent dans leurs bras les plus jeunes de leurs enfants et les présentent en hommage à l'Auteur de la Nature. Les jeunes filles jettent des fleurs vers le Ciel. Les adolescents tirent leurs sabres et jurent d'être vainqueurs. Les vieillards « ravis » imposent leurs mains sur la tête des adolescents et leur donnent la bénédiction paternelle. Les canons tonnent. Une allégresse bruyante et fraternelle jette tous ces hommes, toutes ces femmes, toutes ces jeunes filles, tous ces enfants dans les bras les uns des autres et la fête se termine aux cris de : Vive la République ! dont la clameur retentit longuement le long des berges de la Seine.

Cependant Vilate avait pris sa part des plaisirs de cette belle journée où « la Divinité semblait tout à la fois appeler les hommes à lui rendre leurs hommages et descendre au milieu d'eux pour les consoler de leurs malheurs[1] ».

Nombreuse assistance chez le jeune juré, au pavillon de Flore, ce jour-là. Le Tribunal révolutionnaire est venu y assister à la fête. Le

[1] *Causes secrètes*, p. 196.

matin, vers neuf heures, tandis que Vilate se promenait dans les Tuileries, le long de l'esplanade, il avait rencontré Barère, Collot d'Herbois, Prieur et Carnot qui venaient de chez lui. Barère ne paraissait pas content. « Nous ne t'avons pas trouvé chez toi ; nous comptions y déjeuner. » Vilate, aussitôt, les avait engagés à revenir sur leurs pas. Ils s'y étaient refusés et, l'entraînant quelques pas avec eux, l'avaient vivement pressé de partager leur repas chez un restaurateur voisin.

« Je les quittai, dit Vilate. En passant dans la salle de la Liberté, je rencontrai Robespierre, revêtu du costume de représentant du peuple, tenant à la main un bouquet mélangé d'épis et de fleurs. Il n'avait pas déjeuné.

« Le cœur plein du sentiment qu'inspirait cette superbe journée, je l'engage de monter à mon logement. Il accepte sans hésiter. Il fut étonné du concours immense qui couvrait le jardin des Tuileries. L'espérance et la gaieté rayonnaient sur tous les visages. Les femmes ajoutaient à l'embellissement par les parures les plus élégantes. On sentait qu'on célébrait la fête de l'Auteur de la Nature. Robespierre mangeait peu. Ses regards se portaient souvent sur ce magnifique spectacle. On le voyait plongé dans l'ivresse de l'enthousiasme.

— Voilà la plus intéressante portion de l'humanité, dit-il. L'Univers est ici rassemblé. O nature ! que ta puissance est sublime et délicieuse ! Comme les tyrans doivent pàlir à l'idée de cette fète [1] ! »

Vilate ajoute que ce fut là toute la conversation de Maximilien. C'est peu après sa sortie que le Tribunal parut. Et c'est au milieu de la redoutable assemblée de ces hommes, qu'entra soudain, « folle de gaieté, brillante d'attraits, tenant par la main un petit enfant plein d'intérêt », la jolie maîtresse de Sempronius Gracchus Vilate, la rivale de la Demahi et de la Bonnefoi.

« Elle n'eut pas peur de se trouver au milieu de cette redoutable société ! La compagnie commençant à défiler, elle s'empara du bouquet de Robespierre qu'il avait oublié sur un fauteuil [2]. »

Le lendemain de la fète de l'Ètre Suprême, Vilate siégeait au Tribunal.

[1] *Causes secrètes*, p. 197.
[2] *Ibid.*

Une fournée de douze accusés était envoyée à l'échafaud par lui et par les autres jurés. C'étaient les quatre Depons. Louis, ex-chevalier de Saint-Louis ; René, son fils, « officier de marine des États-Unis d'Amérique » : Élisabeth, ex-religieuse ; Marguerite, ex-religieuse, tous habitant le Puy-de-Dôme, à Pragoulin. Avec eux, au banc des prévenus. Claude Rougane, dit Prinsat, soixante-quinze ans, demeurant à Cusset, dans l'Allier. ancien lieutenant criminel et lieutenant de police de la juridiction de Cusset, puis président du bureau de conciliation de Cusset ; Weytard-Fontbouilland, ancien entreposeur de tabacs à Cusset ; Chapus-Dubost, ancien commissaire du roi près le tribunal de Cusset ; sa femme, leurs deux fils, habitant Cusset ; enfin, un ancien maître des comptes à Dijon et un ex-curé.

Grébeauval, le substitut de Fouquier-Tinville, qui soutenait l'accusation, avait relevé contre eux des charges graves : enrôlements faits pour le compte des émigrés ; intelligences entretenues avec eux ; propos contre-révolutionnaires : longs voyages entrepris par le fils Depons en 1791 et en 1792 à l'étranger ; fausses

nouvelles répandues par lui au sujet de la prise
de Toulon ; Chapus-Dubost, père, était un
« coryphée » des conciliabules contre-révolutionnaires tenus dans la maison de Depons dont les
deux fils « ont suivi les traces de leur père
dans la carrière de l'aristocratie ». — Tous seront
exécutés sur la place publique de la « ci-devant
porte Antoine [1] ».

Avant le vote de la loi du 22 prairial, Robespierre, répondant à l'amendement proposé pour
l'article XIII [2], avait dit : « L'article est tout en
faveur des patriotes. Le jury est la conscience
de la République. »

Parmi les cinquante membres du nouveau
jury, figurait Vilate.

Dès le lendemain, 23 prairial (11 juin), sa
conscience eut à se prononcer sur le cas de dix
accusés, des habitants de Pamiers prévenus
d'être les principaux artisans des mouvements

[1] Archives nationales. W 381, n° 881.

[2] Art. XIII. S'il existe des preuves, soit matérielles, soit morales,
indépendamment de la preuve testimoniale, il ne sera point
entendu de témoins, à moins que cette formalité ne paraisse
nécessaire, soit pour découvrir des complices, soit pour d'autres
considérations majeures d'intérêt public. (Moniteur du 24 prairial an II.)

contre-révolutionnaires suscités dans la commune de Pamiers et d'avoir été salariés par la liste civile.

C'étaient des hommes de loi, Darmaing, ancien avocat du roi dans la sénéchaussée de Pamiers; son père, homme de loi; les deux La Rue, également hommes de loi; Palmade-Fraxine, ci-devant lieutenant particulier civil; les deux Montsirbent, l'un ancien greffier, l'autre apothicaire. Tous furent condamnés à mort[1].

Le 25, Vilate jugeait dix-sept accusés : Sibilot, officier municipal de Belleville, près Paris, Léonard Thouards, peintre à Belleville, Mollard, boucher à Lagnieu (Ain), Pernay, dit Boudoux, ébéniste à Lyon, Julie Rochon, femme Chéron, demeurant rue du Plâtre, à Paris, du Castellier, ex-curé, Bizet, garçon jardinier et volontaire à l'armée du Nord; Dorlange, colporteur, sans domicile; Bogars, marchand à Sarrelibre (Moselle); Marin, instituteur à Paris; Gory de Chaux-Descures, ex-noble; Magnant, gendarme des tribunaux, à Paris; Baurès, domestique, son frère, domestique, les deux Bance, imprimeurs à Lyon; la femme Janisson,

---

[1] Archives nationales. W 383, n° 891.

fileuse à l'atelier de chanvrerie des Jacobins, rue Saint-Jacques[1]. Les accusés sont prévenus d'avoir empêché l'approvisionnement de Paris en arrêtant ses subsistances, d'avoir fait usage de faux passeports, d'avoir joué un rôle dans la rébellion de « la ci-devant Lyon », d'avoir aidé à l'émigration.

L'instituteur a refusé le serment. Bizet, le volontaire à l'armée du Nord, fait prisonnier par les Hollandais, « a eu la lâcheté de s'engager parmi eux et de porter les armes contre la République ». Le curé du Castellier a cherché à allumer la guerre civile « avec les torches du fanatisme ». La femme Chéron a tenté d'exciter des tumultes et des séditions, lors de la distribution du beurre, en disant : « Vive la République ! et pas de beurre à la maison ! »

D'autres ont fait des signes d'intelligence aux détenus des prisons, vendu des ouvrages contre-révolutionnaires et des libelles séditieux. D'autres, enfin, ont fait passer du numéraire aux ennemis du dehors. A l'unanimité, les deux femmes et le colporteur sont acquittés. Quant aux autres, ils subiront la peine capitale.

[1] Archives nationales, W 385, n° 895.

Leur exécution aura lieu sur la « place de la porte ci-devant Antoine ».

« Depuis la loi du 22 prairial, affirmera plus tard Vilate, je n'avais siégé qu'un petit nombre de fois dans des affaires d'un petit nombre d'accusés, jamais dans aucune fournée[1]. » Dix-sept prévenus, dans une même audience, ne constituent pas pour lui une fournée. Peut-être applique-t-il exclusivement ce terme aux cinquante-quatre « complices du baron de Batz ou de la conjuration de l'étranger », jugés par le Tribunal révolutionnaire, le 28 prairial et conduits au supplice le 29, revêtus de la chemise rouge des parricides[2]. L'avis de convocation des

[1] *Causes secrètes*, p. 199. Cette affirmation est postérieure à la chute de Robespierre.

[2] Pour bien comprendre l'importance que Vilate donnera à l'accusation qui sera, plus tard, portée contre lui d'avoir siégé « dans des fournées » et fait exécuter « des feux de file », il faut se faire une idée exacte de l'affaire dite des *Chemises rouges*.

Un Auvergnat tombé dans la misère, Admiral, avait tiré, sans l'atteindre, deux coups de pistolet sur Collot d'Herbois, la nuit, dans son escalier. Il avait été arrêté. — Une jeune fille de vingt ans, Cécile Renault, mécontente et un peu exaltée dans ses sentiments royalistes, s'était présentée le même jour chez Robespierre pour lui parler. On l'avait arrêtée et fouillée. Elle avait dans ses poches deux petits couteaux d'écaille et d'ivoire. — Fouquier-Tinville, réalisant le vœu exprimé par Couthon, dans le rapport fait à la Convention sur la loi de prairial, dressa son acte d'accusation, en vertu des ordres du Comité de Salut public, de telle sorte qu'avec Admiral et Cécile Renault, cinquante-deux autres

jurés de jugement conservé aux Archives nationales porte, pour ce jour-là, le nom de Vilate.
Siégea-t-il ? Le fait est douteux, le procès-
verbal d'audience ne mentionnant que le
nombre des jurés qui sont entrés en séance et
taisant leurs noms. Leur nombre est de sept.
minimum exigé par la loi de prairial.

Peut-être se fit-il récuser. Sa situation devenait délicate. difficile même. Protégé par Robespierre, il avait de bonnes raisons de se défier de
Barère et de redouter Billaud-Varenne.

Mais l'heure était critique pour Robespierre
lui-même.

Le vieux Vadier, rusé comme un ancien procureur, Vadier qui, à Clichy, chez Barère « se
mêlait des jeux perfides de l'amour ». qui, au
Tribunal révolutionnaire, caché avec Vouland
derrière les jurés, avait joui du spectacle de

personnes furent envoyées à l'échafaud, comme complices de la
Conjuration de l'Etranger. — Dans cette grande fournée étaient
compris des gens qui ne s'étaient jamais vus, des hommes et des
femmes de toutes les conditions sociales. entre autres les belles
dames de Sainte-Amaranthe, Sartine fils, des administrateurs de
police, tels que Michonis, Marino, Soulès et Froidure, l'épicier
Cortey. galant avec les dames, et qui. détenu à la Force, envoyait
des baisers à la princesse de Monaco. ce qui choqua beaucoup
le marquis de Pons ; des cultivateurs, un musicien, un banquier et le comte de Fleury, âgé de vingt-trois ans. célèbre par son
billet au président Dumas. où, le traitant « d'âme de boue ». il
demandait à ce magistrat d'être envoyé à l'échafaud.

Danton, Camille Desmoulins, Fabre d'Églantine, Philippeaux, Hérault de Séchelles assis sur les gradins des accusés et mis hors les débats, Vadier, le 27 prairial, portait à Robespierre un coup perfide et redoutable.

Robespierre présidait la séance de la Convention. Divers décrets avaient été rendus. Au nom des Comités de Sûreté générale et de Salut public, Vadier vint présenter le rapport suivant : « Citoyens, c'est au moment où la République française s'élève majestueusement sur les débris de la royauté, où la vertu succède au crime et la morale publique au règne passager des factions ; c'est lorsque les soldats de la liberté franchissent les Alpes et les Pyrénées au pas de charge, volent au-devant des escadrons ennemis et les renversent à la baïonnette ; c'est lorsque le génie révolutionnaire frappe de sa massue les conspirateurs et les traîtres et que les trônes ébranlés ne laissent aux tyrans d'autre perspective que l'échafaud ; enfin, c'est au moment où le peuple français rend grâces de tant de bienfaits à l'Être Suprême et proclame le principe consolateur de l'Immortalité de l'âme : c'est dans ce moment que des hommes

pervers conspirent dans l'ombre, qu'ils médi-
tent froidement les assassinats et calculent
toutes les chances qui peuvent enfanter les
fléaux et les calamités publiques. Le plus redoutable de leurs ateliers est celui, sans doute,
où s'aiguisent les poignards de la superstition,
où s'allument les torches du fanatisme. C'est
dans ces laboratoires du crime, dans ces écoles
de la Vendée qu'on a enflammé les fragiles
cerveaux de tant de pieux assassins, dont la
nomenclature remplit les pages des annales théocratiques. Citoyens, la cruauté des prêtres fut
toujours en mesure de leur cupidité. Portés à
ce triste métier par lâcheté ou par égoïsme, ils
s'y maintiennent par l'hypocrisie et la bassesse. »

Après force plaisanteries sur les prêtres et sur
la religion, dont l'Assemblée s'égaya bruyam-
ment, Vadier vient au fait. Il dénonce « une
école primaire de fanatisme, découverte dans
la rue Contrescarpe, section de l'Observatoire,
n° 1078, au troisième étage ». Là « réside une
fille âgée de soixante-neuf ans, nommée Catherine Théot, qui ose s'appeler la religion chré-
tienne et la mère de Dieu. On sait que le mot
grec « théos » signifie la Divinité, comme Jého-

vah, Adonaï et beaucoup d'autres qui expriment les divers attributs de l'Être Suprême ».

De sa place de président de la Convention, Robespierre écoute avec un sentiment de dégoût le récit que Vadier débite, de son air froid et glacial, au grand divertissement de l'Assemblée. Les applaudissements et les rires soulignent les allusions faites par l'orateur au culte rétabli de la Divinité.

« On voit dans ce réduit un essaim nombreux de bigotes et de nigauds se grouper autour de cette ridicule pagode... On y voit des mesmériens, des illuminés, de ces cagots atrabilaires et vaporeux qui, avec un cœur froid pour la Patrie, ont la tête chaude et bien disposée à la troubler ou à la trahir. Il y en a chez qui on a trouvé des correspondances, à Londres, avec des prêtres émigrés. On remarque surtout qu'il n'y a pas un seul patriote dans cette bande : elle n'est composée que de royalistes, d'usuriers, de fous, d'égoïstes, de muscadins, de contre-révolutionnaires des deux sexes. La mère Catherine est le pivot de cette société dangereuse ; elle se dit inspirée de Dieu et promet en son nom l'Immortalité de l'âme et du corps à ceux qu'elle aura initiés dans ses mystères. »

L'homme « aux soixante ans de vertu[1] » raconte minutieusement les cérémonies de la réception des élus. « Il fallait être en état de grâce, faire abnégation des plaisirs temporels pour approcher de la Sainte Mère, se prosterner devant elle et, pour obtenir l'immortalité, baiser sept fois sa face vénérable ». Ces baisers se distribuaient en forme circulaire : « deux au front, deux aux tempes, deux aux joues ; le septième, complément des dons du Saint-Esprit, s'appliquait respectueusement sur le menton de la prophétesse que les catéchumènes suçaient avec une sorte de volupté ». Ce baiser était « le symbole des sept sceaux de l'Apocalypse, des sept plaies d'Égypte, des sept sacrements de la loi nouvelle, des sept allégresses et des sept douleurs de la Vierge, car tout va par sept dans le jargon mystique des prédictions et des oracles ».

Il continuait. Sa grosse verve était lâchée au milieu des éclats de rires de la Convention. L'Assemblée s'amusait énormément. C'était du délire.

[1] Surnom de Vadier.

« La mère Catherine se dit choisie pour enfanter le Verbe divin ; c'est la pierre angulaire du royaume de Dieu sur la terre ; c'est elle qui choisit les élus, qui doit commander aux soldats du dieu des armées ; son trône doit être miraculeusement érigé près du Panthéon, au local ci-devant destiné aux écoles de droit. C'est de là que cette immortelle doit régir l'Univers. Un seul éclair doit réduire en poudre les trônes, les armées et tous les mécréants de la terre, aplanir les montagnes et dessécher les mers. C'est une nouvelle Ève, qui doit réparer les malheurs causés au genre humain par nos premiers parents et réaliser la rédemption qui n'avait existé, dit-elle, qu'en *figure*.

« La population du globe sera réduite à cent quarante mille élus par la Sainte Mère (c'est encore un nombre de sept fois vingt), immortels comme elle ; ils chanteront ses louanges et jouiront sans fin, au paradis terrestre qu'elle va rétablir, de l'éclat radieux de son antique virginité.

« Tel est, citoyens, l'abrégé d'un tas d'inepties qu'on a été forcé de relater dans les procès-verbaux et interrogatoires recueillis par

votre Comité. L'arme du ridicule, le sentiment
de la pitié sont les seuls remèdes sans doute
dont la raison peut faire usage contre ces jon-
gleries fanatiques ; aussi vos Comités les eus-
sent-ils méprisées si, par un anneau dangereux,
elles ne se rattachaient au cercle des conspirations qui se sont reproduites sous tant de formes
pour nous ramener à la tyrannie. C'est sous ce
rapport seulement que nous allons les envisager.
Observons d'abord que c'est à cet anneau que
tient l'infernale tactique des assassinats et la
théorie des poignards... »

Il évoque alors la Saint-Barthélemy, les
Vêpres siciliennes, la Conspiration des poudres,
les autodafés et « tant d'autres horreurs religieuses qui ont abreuvé la terre de sang humain
pendant dix-huit siècles ». Il dénonce « les
scélérates singeries » des prêtres, armes meur-
trières aux mains des ennemis de la République :
Pitt qui envoie sur les côtes de France « une
cargaison de poignards destinés pour Paris » ;
les crucifix, les rosaires, les sacrés-cœurs « signes
de ralliement des conspirateurs » ; il flétrit « le
monstre Admiral, assassin de Collot d'Herbois
et commensal du baron de Batz, payeur général

de l'armée des fripons, des traîtres et des assassins ».

Il fait frémir d'horreur l'Assemblée en lui montrant les périls qui la menacent, si elle laisse subsister « un atelier de fanatisme, une manufacture de fous et une pépinière de Cordays ».

« ... Sachez encore, citoyens, que la prétendue Mère de Dieu n'est que la pièce curieuse de cet atelier, qu'elle n'est là que pour le mécanisme des grimaces et pour la partie matérielle des cérémonies ; mais le moral de l'institution, le substantiel de sa doctrine, l'explication du sens des oracles, des prophéties et des écritures, tout cela est confié à des mains plus exercées et bien plus dangereuses...

« C'est un ex-moine qui est chargé de cette partie, un moine qui a déjà marqué dans la Révolution par les écarts d'une imagination déréglée, un cénobite dont la solitude du cloître a creusé le cerveau et embrouillé l'entendement, qui ne rêve que des prophéties et n'enfante que les plus sinistres augures ; une bile noire provoque en lui des visions extatiques et des prédictions effrayantes ; sa tête est imbibée de sombres passages d'Ezéchiel et d'Isaïe ; il

applique aux événements actuels les figures de
l'Apocalypse et le sens le plus hyperbolique de
l'Écriture ; en un mot, on ne voit que du noir
dans les esquisses de son pinceau.

« Ce moine est le nommé dom Antoine-
Christophe Gerle, ex-chartreux. député à l'Assemblée constituante. »

Dom Gerle avait siégé à gauche ; il avait proposé à l'Assemblée d'ériger la religion catholique
en religion d'État. Vadier, dans son discours,
se garde bien d'omettre « ce trait de fanatisme » :
mais, ce qu'il passe volontairement sous silence,
c'est que dom Gerle, sur les instances de ses
collègues de la gauche, avait, dès le lendemain,
retiré sa proposition.

Vadier continue :

« On a trouvé dans les papiers de ce moine
des lettres de quelque nouvelle Alacoque, dont
le style mystique peut donner une idée des
élèves et de l'instituteur. Ce n'est que pour
remplir ce but que je me permets de citer des
choses ridicules par elles-mêmes et qui seraient
peu analogues à la gravité du sujet, c'est-à-dire
aux conspirations affligeantes dont j'ai à vous
entretenir. Voici des fragments de ces lettres :

« O Gerle, cher fils Gerle, chéri de Dieu, digne amour du Seigneur... (*les rires interrompent l'orateur*) c'est sur ta tête, sur ce front paisible où doit être posé ce diadème digne de ta candeur... Vis à jamais, cher frère, dans le cœur de tes deux petites sœurs... (*Nouveaux éclats de rire.*) Elles t'engagent à venir déjeuner avec elles demain, jour de décadi, sur les neuf heures et demie, ni plus tôt, ni plus tard... Mille choses agréables au cher fils de la part de ses deux colombes... (*On rit.*) [1] »

Chez l'un des habitués de la maison de Catherine Théot, Étienne-Louis Quesvremont, surnommé Lamotte, médecin de la famille d'Orléans, « disciple de Mesmer et grand magnétiseur », les agents du Comité de Sûreté générale avaient saisi quantité de papiers, d'estampes, de lettres relatifs aux *Mystères de la Mère de Dieu.*

Vadier s'en servait pour affirmer que la secte avait des ramifications sur toute l'étendue du territoire de la République. Beaucoup de militaires, avant de partir, s'étaient fait initier aux

---

[1] *Moniteur*, n° du 29 prairial an II.

Mystères : des familles y avaient apporté leurs enfants nouveau-nés.

Une jeune et jolie femme, Marie-Madeleine Amblard, veuve Godefroy, jouait le rôle d'*éclaireuse*. Du ton psalmodié d'une visitandine à l'épître de la messe, elle lisait les passages de la Bible, vêtue de blanc comme les vestales, le visage recouvert d'un voile transparent. Elle était destinée à remplacer, « par une substitution escamotée » la vieille Catherine Théot, lorsque celle-ci, au moment de sa mort, devait rajeunir, pleine de grâces. On tenait également toute prête, pour succéder dans l'office d'*éclaireuse* à la veuve Godefroy, une jeune fille de dix-huit ans, nommée Rose, belle et fraîche comme la fleur dont elle portait le nom.

Mais ce n'était pas seulement à Paris que les contre-révolutionnaires avaient « établi des ateliers de fanatisme ». On en avait découvert à Versailles et à Marly. « De grands seigneurs, des dames de haut parage, des prêtres et de lâches valets s'exerçaient à des manœuvres superstitieuses, à des opérations cabalistiques. C'est chez la ci-devant marquise de Chastenois qu'était le noyau de ce criminel rassemblement. »

Vadier dénonçait les « collaborateurs » de la marquise, tous « correspondants d'émigrés qui ont leurs relations à Londres » et dont plus de trente avaient été arrêtés. Il donnait la nomenclature des « livres, bijoux, emblèmes magiques saisis chez elle ».

Il trouvait des effets oratoires d'un comique irrésistible et déchaînait les rires de la Convention en énumérant ces objets : un médaillon représentant « le portrait de la scélérate Antoinette », une médaille de la Vierge et de l'archange Michel, un livre de sorcellerie, les *Clavicules du rabbi Salomon*, les prophéties de Michel Nostradamus, un livre de magie, l'*Enchiridion*, une amulette en carton triangulaire ornée de faveurs, des cahiers d'invocations cabalistiques. Au château de Saint-Cloud, les agents du Comité avaient découvert un tableau « mystérieusement caché derrière un lit », soustrait à l'inventaire du mobilier de la maison, peint par « la femme Lebrun, maîtresse du traître Calonne » et représentant le portrait en pied du fils de Louis XVI au Temple.

Vadier donnait à entendre que ce tableau pouvait être « réservé à servir au système de la pré-

tendue Mère de Dieu. C'est l'inauguration de ce
tableau aux Écoles de Droit, près du Panthéon,
qui devait être le prélude de l'enfantement mi-
raculeux du verbe divin et de l'accomplissement
des prophéties ». (*Nouveaux éclats de rire.*)

Donc, l'affaire de la Mère de Dieu, d'après l'orateur, envisagée sous le rapport religieux, ne
méritait que le mépris ou la pitié.

C'est sous le rapport politique qu'elle devait
attirer toute l'attention de l'Assemblée. Après
une longue énumération des crimes commis
contre la République naissante par la faction
de l'Autriche et par celle de Pitt, après l'évo-
cation des « massacres du Champ de Mars, de
Nancy et du 10 août », du « volcan horrible
de la Vendée », des troubles de Nîmes, de
Montauban, de la Lozère et d'Avignou, d'Arles
et du camp de Jalès, Vadier dénonce dom Gerle
comme un ami de Chaumette et de Danton. Il
dénonce Quesvremont, dit Lamotte, comme un
des « commensaux de d'Orléans, mesmérien et
empirique », comme un ami de « l'illuminé
Bergasse », qui, après le départ de l'Assemblée
pour Paris, se rendait tous les matins, en costume de député, dans la cour des Menus, à Ver-

sailles, pour y chanter le refrain de Nina : *Mon bien-aimé ne revient pas*, sous les fenêtres du roi absent.

Il dénonce la sœur du duc d'Orléans, la duchesse de Bourbon, auprès de qui Bergasse résidait à Petit-Bourg et dont « il avait échauffé le cerveau par les prestiges du somnambulisme ». Dom Gerle, d'après Vadier, était, lui aussi, l'ami de Bergasse ; il avait « des habitudes » à Petit-Bourg, où lui écrivaient « si tendrement et si mystiquement ses deux petites sœurs, ses deux jeunes colombes ». Si le roi de Prusse, Frédéric-Guillaume, était « devenu le jouet du machiavélisme des cabinets de Vienne et de Pétersbourg et du patelinage des fanatiques », c'est tout bonnement qu'il était « illuminé et embêté par cette ridicule secte ».

Des mesures urgentes devaient être prises. Tout acte de clémence serait « une barbarie, un crime de lèse-humanité envers le peuple ». Les fanatiques « de ce vieux tabernacle » avaient été arrêtés le mois précédent, sur un rapport de Sénar. Les agents du Comité de Sûreté générale, pour s'introduire chez Catherine Théot, avaient dû subir les épreuves du noviciat, assister, graves

et convaincus en apparence, aux risibles cérémonies. Pourtant dom Gerle avait deviné « leur
mandat à leur contenance » ; se défiant de leurs
intentions, il avait essayé de s'éclipser. Mais les
agents l'avaient forcé de remonter l'escalier ;
ils avaient exhibé leur mandat, requis la
force armée, procédé à l'interrogatoire et à l'arrestation des quatorze personnes réunies dans
l'appartement de la rue Contrescarpe, y compris Catherine Théot et l'ex-chartreux.

« Il me semble voir, terminait Vadier, l'Anglais spéculant dans son comptoir politique sur
les folies religieuses à Paris comme sur les
achats de noirs dans la Guinée. C'est dans
les esprits faibles, dans les âmes crédules. c'est
dans les fanatiques pervers qu'il a recruté un
nouveau genre de contre-révolutionnaires plus
dangereux, parce qu'ils sont plus impercep-
tibles à la police publique. C'est là que l'Anglais a cherché des auxiliaires, des perturbateurs, des chefs de mécontents, des recruteurs
de Vendée, et des assassins. C'est par là qu'il a
espéré d'attirer l'esprit public révolutionnaire,
de détourner vers les idées superstitieuses les
esprits portés aux opinions politiques et de faire

un jour, à Paris, une Vendée plus nombreuse et plus horrible que celle qui a fait tant de maux sur les bords de la Loire[1]. »

Il concluait en proposant l'envoi au Tribunal révolutionnaire de dom Gerle, de Catherine Théot, d'Étienne-Louis Quesvremont, de Marie-Madeleine Amblard, de la marquise de Chastenois.

La Convention adopta ses conclusions et ordonna l'impression de ce rapport, qui l'avait beaucoup divertie et qu'elle avait si longuement applaudi. Elle décida qu'il serait envoyé aux armées et à toutes les communes de la République. Chacun des membres de l'Assemblée en aurait six exemplaires.

D'après M. Hamel[2], Robespierre ressentit un immense dégoût en se trouvant condamné comme président à entendre les plaisanteries de Vadier, « sous lesquelles se cachait une grande iniquité ». Pour Maximilien, le rapprochement perfide imaginé par cet ancien procureur, son implacable ennemi, entre le culte de

---

[1] *Moniteur*, nº du 29 prairial an II.
[2] *Histoire de Robespierre*, III, p. 591.

l'Être Suprême et les mômeries indécentes de
la rue Contrescarpe était une première tentative
faite pour avilir les principes qu'il avait proclamés, pour ternir l'heureuse impression de la
journée du 20 prairial.

En aucun endroit du discours de Vadier,
Robespierre n'était nommé, non plus que la fête
de l'Être Suprême; mais, sous les développements emphatiques de la parodie religieuse dont
le rapporteur avait égayé la Convention, Maximilien put sentir les allusions cachées, hostiles,
prêtes à frapper.

Il savait ce que ses ennemis pensaient de lui,
ce qu'ils préparaient contre lui. Bien renseigné
par Vilate, il devait être au courant des propos
qui couraient sur son compte. Le jour où, sur
l'accusation de Louvet, Maximilien s'était défendu à la Convention devant des tribunes
« remplies d'une foule prodigieuse de femmes
extasiées applaudissant avec le transport de la
dévotion », le jeune Sempronius Gracchus
s'était trouvé, à l'issue de la séance, près du café
Debelle, avec Rabaut Saint-Étienne. Celui-ci
avait dit : « Quel homme que ce Robespierre
avec toutes ses femmes ! C'est un prêtre qui

veut devenir un dieu. » Au café Payen, ils avaient abordé Manuel, « qui n'aimait pas les rois, car ce n'étaient pas des hommes », et dont les paroles avaient été celles-ci : « Avez-vous vu Robespierre, avec toutes ses dévotes ? » Rabaut avait repris : « Il faut un article demain dans la *Chronique* et le peindre comme un prêtre. » Manuel : « Oui, car les prêtres sont, comme les rois, des charlatans. »

Après la chute de Robespierre, Vilate écrira : « Robespierre, continuellement environné de ses femmes, ressemblait à un pontife dictant ses oracles. Ici, ses motions étaient converties en décrets ; là, ses propositions devenaient des arrêtés. Le signal des applaudissements partait toujours du milieu d'elles et ils se répercutaient dans tous les points de la salle avec l'enthousiasme de l'idolâtrie. »

Maximilien savait tout le parti que la malveillance allait tirer du discours de Vadier. Il savait que, quinze ans auparavant, sous la monarchie, la police s'était déjà occupée de Catherine Théot, que cette pauvre folle avait passé quelque temps à la Bastille et qu'elle avait été enfermée à l'Hôpital, qu'il n'y avait rien, dans ses actes, qui fût de nature à inquiéter ni la Convention ni les comités, qu'elle était impuissante « à rallumer le fanatisme presque éteint ».

Vadier ne se tint pas pour battu. Le 8 thermidor, il revint à la charge contre Maximilien.

Quant à Vilate, nous verrons plus loin comment il interpréta les *Mystères de la Mère de Dieu* et de quelle façon il les « dévoila ».

CHAPITRE VII

Vilate estime que cette farce, jouée d'un air grave, débitée d'un ton glacial par Vadier à la tribune de la Convention, atteignit profondément Robespierre. Quel contraste ridicule entre « son travestissement sous cette mômerie et son superbe rôle à la fête de l'Être Suprême [1] » !

Il voit Maximilien devenir plus sombre. « Son

[1] *Les Mystères de la Mère de Dieu dévoilés*, p. 276.

air renfrogné repoussait tout le monde : il ne parlait que d'assassinat, encore d'assassinat, toujours d'assassinat. Il avait peur que son ombre ne l'assassinât. Un mois avant sa chute, je n'avais pas mis les pieds chez lui ; on m'y avait lancé des regards inquiets et menaçants. L'orage grondait sur la montagne ; la plaine retentissait de sifflements ; la mer soulevait ses flots agités. Je m'attachai fortement à connaître le point d'où partait la tempête[1]. »

Il découvrit qu'il s'agissait d'entamer de nouveau la Convention nationale. Dans les derniers jours de messidor, au milieu de la place adjacente à la salle des Jacobins, un groupe est rassemblé autour d'un homme ahuri. Vilate entend qu'on crie : « C'est un assassin de Billaud-Varenne ! Il y a des scélérats dans la Convention ! »

Or, aux Jacobins, Billaud se retourne vers Vilate et lui dit : « On est venu chez moi m'assassiner. »

— Il n'est pas étonnant qu'on en veuille à tes jours, s'il y a des scélérats dans la Convention.

[1] *Causes secrètes*, p. 200.

— Nomme-les, exige Billaud.

— Je ne les connais pas.

Billaud n'insiste pas ; mais le regard qu'il lance au jeune homme ne lui prédit rien de bon.

« Le soir où Barère présidait la Société (des Jacobins) [1], le voile fut entièrement déchiré ; il me prie de lui faire venir ses rapports sur les victoires ; je vais les chercher et les lui remets moi-même. Il jouissait d'avance du plaisir d'émouvoir la société et les tribunes. Vaine erreur ! Robespierre occupe toute la séance par un discours artificieux, fait pour tromper les hommes, même éclairés. Barère souffrait ; sa réputation fut attaquée, compromise. Après la séance, j'accompagnai Barère dans son laboratoire, voisin du Comité de Salut public. Tout défaillant, il s'étend dans un fauteuil : à peine il pouvait prononcer ces mots : « Je suis saoul des hommes : si j'avais un pistolet !... Je ne reconnais plus que Dieu et la Nature. » Après quelques minutes de silence, je lui fais cette question : « Quelle a pu être sa raison de t'attaquer ? » La crainte et la douleur ont besoin

[1] *Causes secrètes*, p. 200 et suiv.

de s'épancher. « Ce Robespierre est insatiable, dit Barère. Parce qu'on ne fait pas tout ce qu'il voudrait, il faut qu'il rompe la glace avec nous. S'il nous parlait de Thuriot, Guffroy, Rovère, Le Cointre, Panis, Cambon, de ce Monestier qui a vexé toute ma famille et de toute la séquelle dantoniste, nous nous entendrions ; qu'il demande encore Tallien, Bourdon de l'Oise, Legendre, Fréron, à la bonne heure... Mais Duval, mais Audouin ; mais Léonard-Bourdon, Vadier, Vouland, il est impossible d'y consentir. — Ce sont donc là, répliquai-je, les scélérats, les hommes corrompus de la Convention ? »

« Nous nous séparâmes, lui dans un accablement affreux, moi consterné de ce que je venais d'entendre.

« Rentré dans ma chambre, j'écris les noms des victimes désignées au milieu du trouble. Quelle nuit horrible ! Quelles tristes réflexions ! Alors, plus de doute du projet médité, arrêté entre les membres du gouvernement, de décimer la Convention nationale. Il est évident qu'on était divisé sur les victimes et que la discorde s'établissait au milieu de ceux qui étaient d'accord sur la proscription. Le discours de Robespierre me parut avoir pour objet d'amener Barère à ses fins par la terreur ou de le perdre s'il s'obstinait dans sa résistance.

« Quel était le motif de ce nouveau 31 mai ? Où voulait-on en venir ? De quel genre de corruptions les représentants du peuple s'étaient-ils rendus coupables ? Avaient-ils descendu des places élevées qu'ils occupaient sur la Montagne ? Il me parut clair qu'on les regardait comme des obstacles au système agraire, à la continuité du terrorisme qui en était l'instrument. Mais les cris et les plaintes de tant de familles désolées, le désespoir des veuves et des orphelins ne formaient-ils pas un concert lugubre et déchirant ? Ces charretées de patients qu'on conduisait à la mort et qui montraient la sérénité de l'innocence n'effrayaient-elles pas le peuple ? Les bras des bourreaux ne commençaient-ils pas à se lasser et le fer de la destruction à s'émousser ?

« Cette idée agrarienne n'était-elle pas elle-même une chimère de novateurs aveugles, épris des idées de perfection et de régularité impossibles dans ce monde, pleins de la vanité des choses humaines ou la charlatanerie de jongleurs

qui tendaient enfin à devenir les tyrans de leurs
compatriotes et les oppresseurs de leur pays?

« De quel droit ce très petit nombre de représentants dominateurs prétendaient-ils disposer
de la vie du plus grand nombre, insulter à la
fois à la puissance conventionnelle et à la souveraineté du peuple?

« Je m'abstiens d'approfondir ces idées politiques.

« L'esprit de faction, les délires ambitieux, la
fureur des vengeances paraissaient donc avoir
remplacé la passion sublime et pure de faire le
bonheur d'un grand peuple. Le feu sacré dont
mon cœur brûlait pour la Révolution s'empara
de tout mon être et, dans ma juste indignation,
je jurai de sauver la chose publique, au péril de
ma vie, en divulguant ce que je savais...

Je combinai toutefois les mesures de prudence. »

Peu après « cette nuit horrible » Vilate apprend
que Billaud-Varenne l'a dénoncé aux Comités
de Salut public et de Sûreté générale. « Il est
évident qu'il n'avait pu alléguer le véritable
motif pour lequel il voulait me faire arrêter. Il
n'avait pour objet que de paralyser ma langue. »

Mais Billaud s'était servi des mots prononcés par Vilate dans leur bref colloque aux Jacobins.

Ce jeune homme était bien imprudent, en se croyant très fort. « Dans différentes occasions, j'affectai, dit-il, envers certaines personnes de choix, des indiscrétions réfléchies. » Ces « indiscrétions réfléchies » lui coûteront cher. Dans la salle de la Liberté, il a dit devant des représentants du peuple : « Le Tribunal révolutionnaire attend une vingtaine de députés ; la bombe va éclater... » Confidence redoutable, dont on lui fera grief, plus tard, en l'accusant d'avoir voulu participer, comme *mouchard* de Robespierre, aux coupes sombres que l'Incorruptible méditait au sein de la Convention. Barère le qualifiera même de « bourreau de la représentation nationale [1] ». La dénonciation de Billaud-Varenne n'eut pas de suites. Barère et Vadier se trouvèrent heureusement là ; ils n'avaient pas été prévenus par Billaud. Ils prirent la défense du jeune juré, firent valoir la futilité du prétexte : Vilate échappa, pour cette fois, à la « poursuite » du terrible « patriote rectiligne ».

[1] Séance de la Convention, le 7 germinal, an III.

Le hasard, quelques jours plus tard, les remettait en présence, au théâtre de la République, dans une loge du rez-de-chaussée. Billaud regarde avec colère Vilate. Celui-ci le dévisage fièrement et il l'interpelle :

« Eh bien ! ta dénonciation est allée en fumée ! »

— « Perfide ! scélérat ! » réplique Billaud qui sort brusquement et ferme la porte avec une violence telle que la loueuse de loge et tous les spectateurs « en sont saisis d'épouvante[1] ».

Le 2 thermidor, à neuf heures du matin, Vilate siège encore au tribunal[2]. Le 3, à dix

[1] *Causes secrètes.* p. 204.

[2] Depuis ls 25 prairial, il n'avait siégé que deux fois : le 2 messidor et le 29 messidor. Le 2, il avait jugé treize accusés. Trois d'entre eux étaient des prêtres, les autres un maître d'école, un charretier, un tonnelier, une apprêteuse de bas, un peigneur de laine, un tailleur de pierre, un volontaire, un fripier. Tous étaient prévenus de « propos fanatiques ». Seul, le peigneur de laine avait été acquitté. Le tailleur d'habits était mort en prison ; le volontaire était devenu fou. Les dix autres avaient été condamnés à mort. — Le 29 messidor, il avait jugé dix-sept prévenus, un prêtre, des vignerons, deux femmes, un journalier, un laboureur, deux cultivateurs, un matelot, un capitaine dans les charrois de la République. Sept d'entre eux avaient été acquittés, les autres condamnés à mort. — Le 2 thermidor, enfin, il juge vingt-sept accusés habitants de l'Ariège, de la Côte-d'Or, du Doubs, du Jura. Ce sont des prêtres, des nobles, des cultivateurs, un capitaine, un sergent, un notaire, un lieutenant des douanes nationales, des commerçants. Les uns sont coupables d'avoir émigré, les autres d'avoir correspondu

heures du soir, Dossonville, accompagné de
plusieurs membres du Comité révolutionnaire
des Tuileries, vient l'arrêter chez lui. Ordre
du Comité de Sûreté générale ! Vilate lit le
motif : *Complice de Naulin*. Il a eu la langue
trop longue et c'est la motion de l'ancien juge
au Tribunal disant aux Jacobins : « Il faut
chasser de la Convention tous les hommes corrompus, » répétée par lui, Vilate, à Billaud-
Varenne, qui lui vaut d'être arrêté. L'un des
membres du Comité révolutionnaire vient de
saisir sur son bureau un papier qu'il lit attenti-
vement. « C'est une liste de noms. Le visage de
Dossonville rayonne de joie ; il s'imaginait avoir
fait une trouvaille. Il lit, il devient pâle ; sa
figure laisse entrevoir un caractère d'altération.
En continuant ses perquisitions, il met le
papier dans sa poche sans l'inventorier, quoiqu'il inventoriât des papiers insignifiants. Pourquoi cette soustraction de la part de Dossonville ?... Il savait bien ce qu'il faisait ; et ce n'est

avec les ennemis de la République : d'autres d'avoir cherché à
« créer une nouvelle Vendée » dans l'Ariège et dans la Haute-
Garonne. Treize d'entre eux sont acquittés. Les autres seront
guillotinés sur la place de la « ci-devant barrière de Vincennes ».
Archives nationales. W 391, n° 907. W 420, n° 955 et W 424,
n° 959.

pas là l'instant d'en tirer les inductions qui, au surplus, sont palpables [1]. »

Il est conduit à la prison de la Force. Il y est placé dans une chambre appelée *les Tuileries*. « L'identité de ce nom avec celui de mon habitation antérieure donna lieu à de très fines railleries, dit-il. Sans doute, l'arrivée d'un juré du Tribunal révolutionnaire était un événement pour les détenus. J'eus d'abord à essuyer quelques plaisanteries. On se convainquit qu'un juré était un homme comme un autre ; on découvrit même qu'il pouvait être susceptible d'affections humaines et sensibles. La lecture des papiers nous était interdite ; nous ne correspondions avec personne ; nous ignorions tout. J'eus occasion d'admirer la résignation, la sérénité de toutes ces malheureuses victimes. La gaîté ne perdait rien de ses petits jeux, de ses plaisirs. On était calme, on parlait de la République avec une sorte de respect religieux.

« La promenade, très resserrée, entourée d'arbres verts, offre à l'œil surpris un arrangement de briques, en forme d'autel, sur lequel sont plantés de jeunes arbustes, des fleurs, avec

---

[1] *Causes secrètes*, p. 204.

une figure placée au centre, et couronnée d'un myrthe. « C'est, me dit un détenu, l'autel élevé à la Liberté; elle s'est réfugiée sous les verrous et les portes grillées. Cette statue, faite par un prisonnier, avec la pierre d'une muraille et son couteau, est celle de l'immortel Rousseau qui, né républicain, n'en disait pas moins que la Liberté est achetée trop cher au prix du sang d'un innocent. » Je l'avoue dans toute la sincérité de mon cœur, je rends grâces à la Providence d'avoir été mis à la Force. Que d'exemples d'un dévouement sublime et d'une patience héroïque m'ont fait verser des larmes d'amertume ! Que de réflexions sur les choses sont venues m'éclairer. Oh ! j'ai connu le malheur; j'ai appris à le respecter, à l'honorer : j'ai sondé les profondeurs de l'Humanité [1]. »

« Le 9 thermidor », sur les quatre ou cinq heures de l'après-midi, on m'appelle. Le concierge m'annonce que je suis en liberté.

« La liberté !... A ce nom je tressaille. On me propose d'écrire que je vais me rendre au lieu désigné. Je m'imagine que c'est une formule; je

[1] *Causes secrètes*, p. 211.

fais ce qu'on exige et je vais pour sortir. Le sentiment de quitter des hommes dont j'avais fait la connaissance, des hommes dans l'adversité, qui m'ont inspiré l'estime ; le désir de leur être utile m'emporte vers eux : je les embrasse, je leur promets de ne pas les oublier et de tout faire pour les sauver. Je descends ; on me dit au second guichet qu'il y a contre-ordre. Bientôt le tocsin sonne ; les détenus attendent froidement le résultat du grand mouvement qui semblait s'opérer. Un gendarme est jeté à la Force ; il en sort une heure après. La fluctuation des esprits est extrême. On annonce que des chariots sont à la porte, que la septembrisation va recommencer. Un moment avant de nous coucher un prisonnier s'écrie : « Nous sommes tous aujourd'hui âgés de quatre-vingts ans. Des complices de Robespierre arrivent avec une force armée, délivrent des fers leurs affidés : on ne parle pas de moi ; je reste avec les autres victimes[1]. »

Le comte Beugnot a raconté, dans ses Mémoires[2] que, le 9 thermidor, vers minuit, il se

---

[1] *Causes secrètes*, p. 212.
[2] *Mémoires du comte Beugnot*, I. 278. Paris. Dentu. 1866.

fit, dans la prison de la Force où il était détenu comme Vilate, un bruit extraordinaire. Les guichetiers les avertirent qu'on avait amené Robespierre à la Force. « Nous nous le faisons répéter plusieurs fois ; nous restions muets d'épouvante. Une demi-heure après, plus grand tapage ; c'est Robespierre qu'on vient de mettre en liberté. Les guichetiers nous avaient trompés sans le vouloir : c'était bien un Robespierre qui était en jeu dans ces tours de Force, mais ce n'était pas Robespierre le Grand, c'était son frère. L'épouvante redouble au milieu de nous. Il est évident qu'on se bat quelque part et il paraît que Robespierre, d'abord vaincu, a repris le dessus. Un incident nouveau vient confirmer ce jugement. Il nous était échu, depuis une quinzaine de jours, un certain juré du Tribunal révolutionnaire, du nom de Vilate. Ce Vilate était l'ami de cœur de Robespierre et lui servait d'espion au Tribunal. Les Comités de gouvernement lui imputaient je ne sais quelle trahison dans l'exercice de ses nobles fonctions et l'avaient fait arrêter. Ce petit monsieur, âgé de moins de trente ans, était doué d'une figure attrayante et douce ; il y conformait ses manières et son ton et affectait en tout une sensibilité exquise. On pouvait dire de lui :

Un papillon blessé lui fait verser des larmes !

« Et le misérable était ce qu'on appelait dans cet antre un juré solide, c'est-à-dire qu'il ne lui était pas arrivé une seule fois, depuis un an, de voter la non-culpabilité d'un accusé[1]. A son arrivée à la prison, on avait voulu l'assommer[2]. Ferrière-Sauvebœuf[3] avait même insinué qu'on pouvait le faire avec impunité et je crois qu'on l'eût fait si Duquesnoy et moi ne nous y étions pas opposés.

« Dans le moment même où on avait mis Robespierre jeune en liberté, on avait appelé Vilate pour sortir avec lui. Dès lors, nous crûmes que la victoire de l'aîné était complète ; mais Vilate, petit-maître fort recherché, avait donné quelque temps à sa toilette, et, au

----

[1] Assertion fausse, nous l'avons vu par l'exposé des affaires où l'acquittement des accusés avait été prononcé à l'unanimité des jurés, au nombre desquels se trouvait Vilate.

[2] Contradictoire avec le récit de Vilate.

[3] Agent des Comités, prisonnier à la Force. Il était l'objet d'égards particuliers et sortait tous les soirs pour aller rendre compte de ce qui se passait dans la prison.

moment précis où il se baissait pour franchir la porte de la rue, il se trouva en face de Bourdon de l'Oise, commissaire de la Convention, qui le repoussa rudement dans l'intérieur et le fit mettre au cachot. »

Dans la nuit du 8 au 9 thermidor, l'administration de police, l'agent national de la Commune de Paris et l'un de ses substituts avaient, effectivement, décerné un mandat de liberté pour Vilate, sur l'ordre de Robespierre[1].

Maximilien voulait-il recourir encore à ses services ? Tenait-il à l'avoir sous la main ? Craignait-il quelque imprudence de langage, des confidences compromettantes faites aux geôliers ou aux *moutons* de la Force ? A la veille de la lutte suprême et du suprême péril, à l'heure où l'Incorruptible se sent traqué par tous ceux que la peur a unis contre lui, garde-t-il l'illusion de croire à la jeunesse « sensible » ? Croit-il

---

Dans la longue séance du 9 thermidor, à la Convention, Barère, au nom du Comité de Salut public, dénonçant « l'horrible conjuration des usurpateurs de l'opinion publique », vint déclarer que l'administration de police, le maire et l'agent national avaient effrontément usurpé l'autorité nationale de la Convention en décernant un mandat de liberté en faveur de Vilate. Quelques mois plus tard, le 7 germinal an III, il renouvela son récit et M.-J. Chénier déclara que l'ordre de mise en liberté avait été donné par Robespierre.

encore en Vilate, tandis que, chez son hôte, le
menuisier Duplay, tous se méfient du jeune
juré? A-t-il simplement pitié de cette existence
dévoyée et salie dont, avec Barère, Vadier,
Dupin, mais d'une autre manière qu'eux, il a
été le mauvais génie?

CHAPITRE VIII

Dans la nuit tragique du 9 thermidor, tandis que le tocsin sonne à l'Hôtel de Ville, que Léonard Bourdon et Legendre courent à travers Paris et réveillent les sections, que les *Arcis*, *Saint-Martin*, les *Gravilliers*, l'*Homme-Armé*, la *Cité*, *Montmartre*, la *Place Vendôme* s'ébranlent à leur appel et viennent jurer à la Convention de ne reconnaître d'autre autorité que la sienne, qu'Henriot est mis hors la loi, que

Barras est nommé commandant de la force
armée, que les colonnes conventionnelles
débouchent sur la place de la Grève presque
vide et ruisselante encore de l'averse torren-
tielle tombée à minuit ; qu'une escarmouche
s'engage sur les quais entre les troupes de
Barras et les canonniers restés autour d'Hanriot,
que Léonard Bourdon entre à l'Hôtel de Ville
par le grand escalier du centre et parvient jusqu'à la salle de l'Égalité, Vilate et ses compagnons de captivité vivent des heures d'an-
goisse.

Un peu après deux heures du matin, ils
apprennent la victoire de la Convention sur
Robespierre et sur la Commune rebelle. Les nouvelles leur arrivent contradictoires. Maximilien,
dit-on, s'est brûlé la cervelle. Puis, on raconte
que Léonard Bourdon, choisissant dans la troupe
qu'il conduisait un jeune gendarme de vingt ans,
Merda, lui avait désigné Maximilien assis dans
un fauteuil, la partie droite de son corps tournée
de profil, vers la place de Grève. Merda, armé
d'un pistolet, avait fait feu : Robespierre s'était
affaissé, la mâchoire fracassée.

Vilate, le lendemain, savait tout : la Commune cernée par les sections, le suicide d'Hanriot, celui de Lebas, la mort de Robespierre jeune, tombé, en fuyant, d'une corniche de l'Hôtel de Ville, la blessure de Couthon, l'arrestation de Saint-Just, la fuite de Coffinhal, l'effroyable agonie de Maximilien, sa mort sur l'échafaud, place de la Révolution, devant cette statue de la Liberté qu'il avait voulue, pour la fête de l'Être Suprème, entourée d'arcs de triomphe, de fontaines d'eaux jaillissantes, « consacrées à l'Utilité publique »...

Le 14 thermidor (1ᵉʳ avril), Vilate apprenait l'arrestation de Fouquier-Tinville ; quelques décades plus tard, la réorganisation du Tribunal révolutionnaire, l'abrogation de la loi de prairial, la victoire complète des Thermidoriens.

Barère, Billaud-Varenne, Vouland, Vadier, Dupin, Collot d'Herbois, tous ceux qu'il avait lieu de redouter, étaient vivants. Ils avaient tué Robespierre. Vilate pouvait laisser toute espérance.

Il voulut espérer. Il occupa ses longues journées et ses interminables nuits de prisonnier à écrire sa justification. Il composa trois Mémoires dans lesquels il se disculpa, il accusa, il dénonça.

Le premier de ces mémoires, écrit à la Force, porte la date du 15 vendémiaire, an III. Il est intitulé : *Causes secrètes de la Révolution du 9 au 10 thermidor, par Vilate, ex-juré au Tribunal révolutionnaire, détenu à la Force.*

Il lui donne comme épigraphe ces paroles de Barère :

« La censure des écrits et la tyrannie de l'opinion furent, dans tous les temps, les symptômes qui annoncèrent la perte de la liberté. Et le droit indéfini de penser, d'écrire et de croire ce qu'on veut, est le signe auquel on va reconnaître qu'il existe une représentation populaire. »

Il commence ainsi : « Je dois au peuple ma justification ; elle dérive des causes secrètes des 9 et 10 thermidor. »

C'est « l'enthousiasme du beau et de la vertu, aliment ordinaire d'un cœur neuf et sensible. enflammé par l'espoir de la régénération d'un grand peuple, annoncée et promise avec tout l'éclat, tout le prestige de l'amour de l'humanité » qui l'a « lancé dans la carrière révolutionnaire et porté à figurer, sans s'en apercevoir, dans ces scènes tragiques décorées des noms de vertu et de patriotisme ».

Mais il a perdu ses illusions. Il était sensible, donc, aveugle. Il devient raisonnable. Le malheur a « exercé » son âme ; et c'est au fond des cachots que, « revenue à la réalité des choses imparfaites du monde, cette âme découvre le vide et l'erreur de ces espérances abstraites d'une perfection chimérique, étrangère aux passions des hommes ».

Il a eu le courage « d'inspirer des défiances. » Les *Mahomet*, les *Omar* « redoutant sa langue véridique et babillarde » l'ont précipité, quelques jours « avant leur chute inattendue, dans une des mille et mille bastilles dont ils avaient couvert chaque point de la République ».

Il ne doute pas — ou il feint de ne pas douter — que la Vérité, « grâce à la liberté de la presse » ne sorte, toute nue, du « tombeau des vivants ». Il croirait violer « les droits sacrés de la patrie », s'il ne disait pas ce qu'il sait.

... « Mon intérêt n'est rien. Si mon innocence résulte des choses cachées que je vais divulguer, le danger imminent auquel je me dévoue me conseillerait le silence ; j'ai la satisfaction de préparer des matériaux à l'Histoire. »

Nous avons vu quelle fraîcheur d'impressions, quelle jeunesse enthousiaste il portait en lui lorsqu'il arrivait d'Ahun au mois de mars 1792. Nous avons dit ce qu'il espérait de la Révolution. pour le bonheur « d'un grand peuple »... et pour lui-même. Nous avons retracé les portraits dessinés par lui de Robespierre, de Barère, de Collot d'Herbois, de Billaud-Varenne. Nous savons ce qu'il pensait d'eux. Dans son cachot de la Force il pleure amèrement « sa jeunesse séduite et détrompée ». Il se repent des « jeux perfides de l'Amour ». La jeune mère « folle de gaieté, brillante d'attraits, et le jeune enfant plein d'intérêt » sont déjà loin, dans les brumes du passé et dans les nuits sanglantes de Thermidor. Il fait de la philosophie de l'histoire avec rage et il lit les œuvres de Montesquieu, « cet Hercule de la politique ».

Il dénonce le « décemvirat. à la tête duquel s'est trouvé un nouvel Appius Claudius ». Entre le Comité de Salut public et le décemvirat de Rome, identité parfaite, démontrée par un passage de l'*Esprit des Lois* et « par la tyrannie momentanée sous laquelle a gémi toute la France ». Les meneurs de ce décemvirat, Robespierre, Collot d'Herbois, Barère, Couthon, Billaud-Varenne, Saint-Just, ont toujours été parfaitement d'accord pour subjuguer la Convention, la nation tout entière.

Avec quelle aisance il jette par-dessus bord Robespierre qui avait signé son ordre d'élargissement le 8 thermidor ! Mais Maximilien est vaincu. Vilate a été à bonne école, celle de Barère de Vieuzac.

« Ne sont-ce pas eux (les décemvirs), dit-il, qui ont surpris à la Convention nationale le décret qui les autorisait à mettre ses membres en arrestation ? Ils se sont aidés mutuellement de leurs forces respectives. Collot disait de Saint-Just : « Ce jeune et vigoureux athlète de la Révolution. » Barère défendait Robespierre des attaques du manifeste du duc d'York où on le taxait d'aspirer à la dictature, au patriarcat, où on le traitait d'égorgeur. Ils se sont entendus à repousser Magenthies, lorsqu'en homme libre, il venait redemander à la Convention nationale et la liberté d'elle-même et la souveraineté du peuple. Ils se sont entendus à défendre leurs satellites, d'Aubigny, Lebon, etc. On ne finirait pas à recueillir tous les traits qui démontrent l'évidence de leur conjuration. Ce décemvirat, sous prétexte de régénérer les mœurs du peuple français, avait réellement conçu l'idée immense de réaliser le projet agraire. Ils avaient devant leurs yeux l'exemple des jeunes Gracques qui devinrent victimes de leur inexpérience

« Ils ont suivi l'exemple de Sylla qui, dans le même dessein, employa les proscriptions, les confiscations. En effet, la France fut bientôt couverte d'espions, de sbires, de bastilles, d'échafauds. Ils ne lui auraient laissé qu'une population de veuves et d'orphelins. N'a-t-on pas encore entendu Barère, depuis le 10 thermidor, parler du partage des terres confisquées ?

« Les membres de la Convention ont été frappés du spectacle des calamités publiques. Mais ils ont aussi craint pour eux-mêmes. Le jour où les meneurs, au Comité de Salut public, ne pouvant soutenir leur système de proscription générale que par de plus grandes proscriptions », ont désigné pour l'échafaud les plus en vue parmi les représentants du peuple, sans pouvoir s'entendre sur le choix de leurs victimes, ce jour-là, le *décemvirat* a été coupé en deux tronçons. Dans l'un, Robespierre, Couthon, Saint-Just ; dans l'autre, Barère, Collot d'Herbois, Billaud-Varenne. Vilate accuse les membres du gouvernement révolutionnaire de s'être « rendus coupables, envers la Nation, du crime de tyrannie ». En vain ceux, parmi les tyrans qui vivent encore, diront-ils qu'ils ont dénoncé Maximilien et Saint-Just. « Ils n'ont cessé d'être leurs complices. Ils ne les ont dénoncés qu'au moment où ils sont devenus leurs rivaux, où ils ont craint de partager leur infamie, où ils ont espéré de devenir leurs dignes successeurs... N'ont-ils pas continué leurs fureurs, même avec plus d'effervescence, quatre décades après l'éloignement de Robespierre du Comité ? Les supplices ont été plus nombreux depuis son absence du *décemvirat*. Vainement, enfin, veulent-ils s'excuser sur le prétendu mérite d'avoir sauvé des dangers le vaisseau de la Révolution, voguant au milieu des orages ? Ne sont-ce pas eux qui, par leurs excès en tous genres, ont formé ces orages, qui l'ont menacé et lancé dans sa route, au milieu des écueils sur lesquels il a failli échouer ? Le courage, la force, l'énergie, la sagesse du Peuple

français et de la Convention, voilà les sauveurs
du vaisseau de la Révolution, malgré les tem-
pêtes dont ces hommes politiques l'avaient
assailli pour s'en rendre les maîtres.

« Quel tableau de régénération nationale !
Des villes renversées, d'autres désertes, des
contrées fertiles ravagées par les guerres
civiles et les incendies, les îles enlevées, les
monuments détruits, l'adultère flétrissant les
familles, les mers couvertes d'exilés, le commerce et les arts en désespoir fuyant chez
l'étranger ; les rivages des fleuves de l'Océan
couverts de cadavres de tout sexe, de tout âge,
jusqu'aux enfants à la mamelle ; les rochers
teints de sang, la multitude sans subsistance,
couverte de haillons ; les biens, les talents, les
honneurs devenus des crimes ; les délateurs en
possession des récompenses ; la vertu une cause
infaillible de mort... L'humanité en deuil se
couvre d'un voile lugubre [1]... »

Vilate tient à dire toute la vérité. Il croit faire
œuvre utile. Malheur à ceux que cette vérité
blessera ! Jeune encore, il « préfère à la vie,
l'honneur, l'estime de ses concitoyens. Plutôt

---

[1] *Causes secrètes*, p. 210.

la mort que de rester encore plus longtemps
sous le poids affreux des soupçons, de l'erreur,
de la calomnie ». Il a le « sentiment de son
innocence ». Il prie ceux qui liront ses Mémoires
d'apporter « la plus sévère attention sur toute
sa conduite ».

Est-il coupable d'avoir accepté la place de
juré au Tribunal révolutionnaire ?

Il sait depuis longtemps que ce titre inspire
« d'odieuses préventions ». Mais, s'il a pu, s'il
a dû accepter d'aussi redoutables fonctions,
c'est dans « l'intérêt majestueux de la puissance nationale luttant contre tous les rois de
l'Europe altérés de domination ». Il fallait
punir les ennemis de la Patrie et de l'Humanité.
D'ailleurs, le Tribunal révolutionnaire était alors
présidé « par l'homme vertueux et sensible qui
préside celui d'aujourd'hui »... Flatterie adroite
à l'égard de Claude-Emmanuel Dobsent, qui
présidait le nouveau Tribunal révolutionnaire
devant lequel Vilate s'attendait chaque jour à
paraître.

Il est vrai qu'il a été « continué, même sous
la loi arbitraire du 22 prairial ». Mais il en

appelle « à la conscience de tous les hommes vrais et probes. » Logé aux Tuileries, connu de ceux qui jouaient les premiers rôles sur la scène du monde, pouvait-il voir la Vérité au milieu des nuages brillants dont elle était environnée? Une force invincible ne l'entraînait-elle pas malgré lui, « atome emporté violemment par un torrent rapide »?

Il estime que ce chef d'accusation ne peut être admis judiciairement, qu'il est « du ressort de l'opinion, comme un point de morale ».

Et il pense que cela suffit. Il rappelle « sa conduite honorable envers Camille Desmoulins, son éloignement du Tribunal depuis sa perte ». Il défie ceux qui chercheront dans les archives d'y trouver la preuve qu'il ait été l'instrument d'un parti[1].

Est-il coupable d'avoir connu Robespierre, Barère, Billaud et autres, et lui ferait-on un crime d'avoir su, sans le dévoiler, leur projet de décimer la Convention nationale?

Il répond à cette question que la Convention,

---

[1] J'ai répondu à ce défi de Vilate et démontré qu'il faussait la vérité.

elle aussi, a connu Robespierre, qu'elle lui a
donné sa confiance, qu'elle aussi a contribué à
l'erreur et à la crédulité communes à bien des
citoyens. « Qui n'aurait pas mis de l'intérêt,
peut-être de l'orgueil, à l'approcher, à lui donner un déjeuner frugal, le jour de la fête de
l'Être Suprême ? » Il nie avoir jamais été lié
avec Maximilien. « Le tyran n'était pas homme
à liaisons. »

Loin d'être complice des crimes des conspirateurs, Vilate veut prouver que ces crimes l'ont
révolté et qu'il a travaillé à les divulguer. « J'ai
recueilli les noms de toutes les victimes pour ce
but salutaire. J'ai dévoilé publiquement leurs
projets par des indiscrétions affectées, même
envers plusieurs députés. J'ai dû agir avec cette
prudence parce que, les découvrir avec un
prétexte de leur façon, m'aurait conduit à
l'échafaud avant les proscrits. »

Ce sont ces « indiscrétions affectées » qui
l'ont perdu. Mais de combien d'indiscrétions
analogues ne s'est-il pas rendu coupable avant
d'être suspecté par Billaud-Varenne? Il néglige
de nous le dire. Sa réputation d'espion et de
mouchard du Comité de Salut public, logé aux

Tuileries, à côté du Comité, est si fortement établie qu'il ne pourra s'en laver. Il affirme que Dossonville, qui l'arrêta, avait connaissance du complot ourdi contre la Convention. S'il a été arrêté, lui, Vilate, c'est pour avoir dévoilé ce complot. Sans quoi, dans quel but l'eût-on privé de la liberté ?

Enfin, peut-on l'accuser d'avoir eu le mauvais dessein « d'entrer dans la conjuration de Robespierre et de la Commune, » aux journées des 9 et 10 thermidor ?

Ce serait puéril. Il était dans les fers dès le 3. Il affirme que « sa conduite antérieure » démontre ce qu'il aurait fait.

Un fait le gêne. C'est sa mise en liberté ordonnée par la Commune, la nuit du 8 au 9 thermidor, sur l'ordre de Robespierre. Quand, après lui avoir présenté son acte de libération, on lui a demandé où il allait se rendre, il a écrit : « à la Commune ».

Charge grave contre lui ? En apparence, oui. En réalité, non. (Car il ne s'embarrasse d'aucun argument.) Seuls, ceux qui ignorent ses sentiments et sa conduite ont pu conjecturer qu'il

prendrait le parti de Robespierre, dans la nuit
du 9 thermidor, et qu'il profiterait de sa liberté
pour se remettre à son service. Si c'est dans cet
espoir qu'ils ont voulu le libérer, ces gens-là le
connaissaient bien mal. Peut-il donc être « responsable de l'opinion erronée que l'ignorance
a pu former sur ses *principes* »?

Oui, il a écrit qu'il se rendrait à la Commune.
Mais, qui n'en eût fait autant parmi les détenus
de la Force? « Le désir de briser mes chaînes,
le défaut de connaissance de ce qui se passait,
la curiosité d'acquérir cette connaissance, le respect dû aux autorités constituées, tout a pu me
déterminer à souscrire ce qu'on a voulu que je
souscrivisse. »

« Le respect des autorités constituées ! » Voilà
bien tout Vilate. Ce n'est que par respect des
autorités constituées qu'il a siégé au tribunal,
qu'il s'est amusé à Clichy avec Barère, Vadier,
Dupin, représentants du peuple, qu'il a été
un des espions du Comité de Salut public !...

D'ailleurs, la preuve que les « conjurés » ne
le croyaient pas disposé à favoriser leur attentat
c'est que le 9, au soir, ils l'ont laissé à la Force.

Et il s'absout lui-même.

« ... A mesure que je descends dans ma conscience et que je l'examine, je sens mon cœur soulagé, en me convainquant de plus en plus de mon innocence. Je le sens avec toute la force d'une âme neuve qui a bien mérité, qui a eu le courage de faire son devoir ; je suis digne de la liberté et de la jouissance des dispositions douces, humaines, justes et républicaines avec lesquelles la Convention va, enfin, assurer le bonheur des Français.

« La détention d'un citoyen opprimé est une calamité publique. Au printemps de mon âge, instruit par le malheur à me défier des hommes, je peux être utile. Je demande à l'être [1]. »

Dans sa péroraison, il s'adresse à la Convention. Il lui donne des conseils de sagesse et d'union.

« O législateurs, permettez à ma faible voix de s'élever jusqu'à vous !... Ralliez-vous au centre d'un système politique, libre, sage et sans exagération : cessez toutes ces divisions intestines qui déchirent votre sein et dont le spectacle scandaleux afflige, inquiète et consterne le

[1] *Causes secrètes*, p. 217.

peuple, en même temps qu'il fait la joie de
ses ennemis et des vôtres ; suivez l'exemple des
valeureux guerriers qui versent leur sang sous
les drapeaux de la victoire... Organisez le gouvernement avec la stabilité salutaire de la
distinction des pouvoirs, sans laquelle il n'y a
ni liberté publique et individuelle, ni égalité
même devant les lois, ni sûreté d'industrie
et de propriété ; mais bien des défiances, des
factions, des délations, des bastilles, des
échafauds et des guerres civiles. L'histoire
n'offre pas inutilement l'expérience des siècles.
Les cinq années de révolution que le peuple
vient de parcourir ne doivent non plus être
une vaine expérience. Alors vous verrez finir
d'elles-mêmes toutes les divisions, se réunir
tous les partis. Ceux que le char révolutionnaire a effrayés et blessés dans sa marche
rapide et violente, et qui en désirent le ralentis-
sement ; ceux qui l'ont conduit et sauvé au travers des écueils avec la hardiesse sans laquelle
il eût été renversé, et qui tremblent de le voir
rétrograder, tous mettant leur félicité dans
l'heureuse impossibilité d'exercer des vengeances
alternatives, concourront enfin à la paix publi-

que, en faisant renaître la circulation des subsistances, les arts, le commerce et les sciences
et toutes les parties vivifiantes d'un État vraiment libre et florissant[1]. »

[1] *Causes secrètes*, p. 220.

CHAPITRE IX

Un mois plus tard, le 25 brumaire, Vilate écrit dans la prison du Luxembourg où il a été transféré, son second Mémoire qu'il intitule : *Continuation des causes secrètes de la Révolution du 9 au 10 thermidor.*

Il accuse, avec plus d'âpreté encore que dans le premier, « ces usurpateurs de l'opinion

publique qui, par leurs artifices, ont accumulé
sur la France tous les genres de calamités,
ces perturbateurs audacieux disposés à tout
sacrifier à leur misérable ambition, qui s'emparent de la crise révolutionnaire ». Il les
montre, « couvrant le sol français d'inquisiteurs, de bastilles, d'échafauds » tandis qu'ils
mettent « à l'ordre du jour » la *mobilé*, la *justice*, les *vertus*. Et il s'écrie : « Jusqu'à quand
les hommes seront-ils dupes et victimes de
l'abus suborneur des mots? » Car les tyrans ne
connaissent que trop bien l'art d'en tirer parti.
C'est avec des mots séduisants, des formules
endormeuses qu'ils ont trompé des hommes plus
expérimentés que lui, et la Convention elle-
même.

Comment donc aurait-il pu s'évader de cet
« imbroglio révolutionnaire », de ce « tourbillon
de choses? » La retraite lui était devenue impossible. Son rôle se bornait à observer. Parfois, il
avait osé des railleries faibles, sans méchanceté.
Un jour, chez Dupin, qui surveillait l'inventaire
et la vente de la riche succession mobilière des
fermiers généraux, il avait plaisanté ce député,

entouré de bijoux, d'or et de diamants : « En vérité, mon cher Dupin, on dirait que tu as trouvé le petit chien de l'un des jolis contes du naïf La Fontaine : tu sais comme il secoue l'or et les pierreries. » Dupin avait répondu : « Mon cher Vilate, tu as toujours le petit mot pour rire. »

Maintenant qu'il est en prison, il « frissonne » au seul souvenir des « désastres et des maux que les idées des décemvirs ont produits. Mot terrible que celui de Barère à la tribune : « Les Français sont révolutionnaires comme la nature. » Paroles prophétiques que celles d'Isnard, alors président de la Convention, lorsqu'il déclarait « que si l'Assemblée était tyrannisée, les départements voudraient venger les proscrits sur Paris et que le voyageur chercherait un jour sur les rives de la Seine le lieu où exista cette ville du monde »!

Vilate « frémit » à la pensée que le Louvre aurait pu périr dans les flammes. « Braves Parisiens, je vous interpelle! Dites si vous avez fait les 14 juillet, les 10 août croyant avancer la ruine du Muséum[1] de l'Univers! » Au sou-

[1] Le Louvre.

venir des rêveries macabres de Barère songeant à brûler les bibliothèques, pour libérer le monde du fatras monstrueux des livres et des papiers, chefs-d'œuvre ou non, il s'écrie : « Voltaire ! j'en adjure tes mânes ! Quand, par tes travaux immenses, tu devenais le précurseur de la Révolution, songeais-tu à presser le jour où les chefs-d'œuvre de ton esprit seront destinés à être la proie des flammes? Aurais-tu prévu, en faisant l'*Orphelin de la Chine* que le Tartare Gengiskan donnerait des leçons aux législateurs de ta patrie sur le prix des arts et des lettres ? »

Il dénonce « l'empire exercé par la guillotine sur Melpomène » muse de la tragédie, l'oppression haletante et la peur où « gémissaient » les talents, le génie.

Il oppose à l'impuissance littéraire de Barère et de Billaud-Varenne, le « génie » de Marie-Joseph Chénier, dont la tragédie *Timoléon*, peu de temps avant le 9 thermidor, était tombée sur les coups d'une « cabale jacobine ».

« Il avait composé une nouvelle tragédie intitulée *Timoléon*. Ces mots, dans son Charles IX : *des lois et non du sang* étaient un vers ron-

gœur au cœur des tyrans... Robespierre, Billaud-Varenne, tourmentés de ses piqûres
dévorantes, ne voyaient l'auteur de *Timoléon*
qu'avec haine et fureur. Il soumit sa pièce à
l'examen préalable des amateurs ; il convoqua
une assemblée nombreuse dans le salon littéraire du Théâtre de la République. Avant
de nous y rendre, Barère et moi, nous pas-
sâmes chez Chénier. L'auteur de la comédie des
Philosophes, Palissot, y était déjà avec d'autres
personnes. Après un déjeuner très frugal et très
précipité, nous nous acheminions vers la salle
où nous étions attendus. Chénier commence la
lecture de son manuscrit. Sa déclamation était
chaleureuse, bruyante. On écoutait avec autant
de silence que d'intérêt. L'actrice Vestris,
inquiète des efforts de poitrine du poète, l'invitait à baisser de ton ; elle passait son mouchoir
sur ses joues échauffées. Je croyais être reporté
à ces jours brillants de la littérature du siècle
passé, dont les anecdotes, embellies dans l'histoire des spectacles, font tant d'impression sur
le cœur vierge du jeune républicain. Il me semblait voir cette fameuse actrice donner ses petits
soins à Voltaire. Les beautés multipliées de la

pièce faisaient naître les plus vifs applaudissements ; les auditeurs se surprenaient dans les
transports de l'admiration, de l'enthousiasme.

« Le sujet convenait parfaitement aux circonstances. La scène est à Corinthe. Il s'agissait, chez ce peuple libre, du couronnement de
Timophane, le destructeur de la liberté
publique. Le servile Anticlès lui présente le
diadème. Le peuple fait sentir son improbation
par le silence terrible du calme imposant.
Timoléon est le héros républicain qui provoque
et fait éclater la vengeance populaire. Timophane est mis en pièces. La liberté est sauvée.

« Le lendemain, je me trouve placé, dans la
société des Jacobins, près David et Michot.
Celui-ci disait à l'autre : « Ah ! la belle tragédie
« que celle de *Timoléon* : c'est un chef-d'œuvre ;
« demande à Vilate. » Je ne pus m'empêcher de
rendre une justice éclatante aux talents rares
et au génie de l'auteur. Le peintre qui, dès
1789, a montré, par son tableau de *Brutus*, au
jour du supplice de ses enfants, qu'il ne conce-
vait la liberté que sous un air ténébreux, nous
répond : « Ce Chénier ? une belle tragédie ! c'est
« impossible. Son âme a-t-elle jamais pu sentir

« la liberté pour la bien rendre? Non, je n'y
« crois pas. »

« A quelques jours de là, me trouvant avec
Barère et Billaud-Varenne, on parle de *Timo-*
léon. Barère ne put dissimuler son humeur :
« La pièce ne vaut rien; elle n'aura pas l'hon-
« neur de la représentation.

« Qu'entend-il par ce vers contre-révolution-
« naire :

N'est-on jamais tyran qu'avec un diadème? »

« Barère, qui avait mêlé ses applaudissements
à la lecture de la pièce, mais auquel j'avais déjà
rapporté les propos de David, ajoute : « Oui, il
« n'y a pas de génie révolutionnaire ; elle man-
« que dans le plan. » — Billaud à Barrère : « Ne
« souffrons pas qu'elle soit jouée. » — Barère :
« Donnons-lui le . plaisir de quelques répéti-
« tions. » Timoléon fut répété plusieurs fois
devant une assemblée nombreuse de spectateurs. Les applaudissements présageaient à l'auteur le plus heureux succès. Barère, à côté de
la Demahi, dans la loge du ci-devant roi, paraissait distrait, ennuyé. Il sortit vers le milieu de
la pièce aux deux premières représentations; à

la dernière, il n'eut garde de s'y rendre... On
laisse aller la tragédie jusqu'à la scène où Anticlès va pour placer le bandeau royal sur la tête de
Timophane sous prétexte que le peuple de Corinthe concentre son indignation et que sa colère a
besoin d'être excitée. Voilà qu'un orateur prend
la parole et dit : « Si le peuple de Corinthe eut
« besoin d'être provoqué pour s'élever contre la
« tyrannie, c'est une injure faite au peuple fran-
« çais que de lui offrir cet exemple de faiblesse et
« d'inertie. A bas la toile ! que chacun se retire. »
Alors une foule de gens, disséminés dans différents points de la salle, donnent le signal des
applaudissements. On pousse l'horreur jusqu'au
point de forcer Chénier à brûler lui-même, sur
le théâtre, le fruit de huit mois de travaux et
de veilles. Le jaloux, le tyran Richelieu fut
moins barbare envers Corneille ; il ne l'abreuva
pas de tant d'amertume[1]. »

[1] *Causes secrètes*, p. 240. — La tragédie de *Timoléon*, en trois
actes. avec des chœurs, musique de Méhul, ne fut représentée
devant le public qu'après la chute de Robespierre. L'auteur continuait de donner, au théâtre, des leçons d'humanité comme il
l'avait fait, sans succès d'ailleurs, dans ses pièces précédentes de
Caïus Gracchus. de *Fénelon*. Il y disait :

> La tyrannie altière et de meurtres avide
> D'un masque révéré couvre son front livide,
> Usurpant sans pudeur le nom de liberté,
> Roule au sein de Corinthe un char ensanglanté...

La muse Thalie n'était pas mieux traitée que la muse Melpomène. Vilate révèle à Colin d'Harleville, l'auteur de l'*Optimiste*, pourquoi la représentation de sa comédie a été supprimée... Tout simplement parce que Barère et Robespierre ne trouvaient pas bien qu'un ex-noble donnât des leçons de vertu et de patriotisme à un sans-culotte. « Comme si la nature, ajoute-t-il, ne s'était pas toujours plu à répandre indistinctement ses trésors sur tous les individus. »

Puis, il s'en prend aux espions émissaires des Vadier, des Vouland, des Amar, « arrestateurs généraux de la République », dont l'importune présence « gênait le voisinage des lieux » où il aimait à déjeuner en bonne compagnie. Il ne parle pas des espions de Robespierre — et pour cause. Mais il adjure le peuple de prendre enfin le « ton de dignité » qui lui convient. Sa voix se fait grave et solennelle :

« Peuple, ne ris pas !... Non : tu n'es pas un

> Il est temps d'abjurer ces coupables maximes :
> Il faut des lois, des mœurs et non pas des victimes !...

Le comité de Salut public fit suspendre les représentations. Tous les manuscrits de la pièce, qui n'était pas encore imprimée, furent saisis et brûlés ; une seule copie échappa aux recherches : elle fut conservée par M⁰ᵉ Vestris et servit, en 1795, pour l'impression de cette tragédie.

composé d'imbéciles, de badauds qu'on peut mener avec une paille. Il est temps enfin que tes yeux se dessillent. Vois le système de la tyrannie médité avec l'intention profondément réfléchie de l'établir sur les ruines de la liberté publique. Sois grand, majestueux, et, comme le peuple de Corinthe, ne montre ton indignation que par un silence imposant. Tu n'as pas besoin d'un Timoléon : laisse agir la Convention nationale qui a su vaincre quelques-uns des tyrans : elle sait ce qu'il faut faire. Sa gloire est la garantie de son zèle à se rendre digne de toi. Une assemblée, aussi variée que la nature dans ses éléments, est comme elle incapable de tromper les hommes... »

Il a des idées fortes. Il lit l'*Esprit des lois.*

« Le gouvernement révolutionnaire ne doit être qu'une suspension sagement calculée de certains droits du peuple qu'il ne peut exercer dans des circonstances difficiles. C'est le danger de la liberté publique en péril qui, seul nécessite cette institution dictatoriale pour le salut de la patrie. Qu'est-ce donc que les objections sans cesse répétées aux oreilles des amis de la liberté ? Nous sommes en révolution. Attendez que la révolution soit faite. C'est le gouvernement révolutionnaire qui occasionne ces choses. »

Il flétrit les « tyrans révolutionnaires » (qu'il a servis et dont il a été l'ami), « destructeurs des arts et des belles-lettres, génies infernaux plus redoutables que ceux de Milton et qui voulaient brûler les bibliothèques pour laisser le peuple dans l'éternelle obscurité des ténèbres de l'intelligence ».

Vilate évoque maintenant les séances du Tribunal révolutionnaire, les fournées d'accusés amenés, « de tous les cantons de la République, surpris de se trouver réunis dans une même affaire, des Pyrénées orientales aux bords de l'Escaut, des rives du Rhin à celles de la Gironde, tous envoyés à l'échafaud, tous condamnés sans être jugés, tous au moins jugés sans être entendus, plusieurs même sans être accusés[1]. » Il se hâte d'ajouter : « Je n'ai siégé dans aucune fournée. Depuis l'affaire de Danton, je me suis éloigné du Tribunal. Je n'ai été et ne serai jamais l'instrument d'aucun parti, d'au-

[1] *Causes secrètes*, p. 249.

cune haine, d'aucune vengeance. Il est des jurés de ces temps restés maîtres, comme moi, de leur conscience, placés au Tribunal actuel. »

Il renie la Terreur, de toutes ses forces, avec toute l'éloquence dont il est capable. Son imagination ne veut plus se souvenir du spectacle des « cruautés sans nombre dont la scène du monde a été ensanglantée à Arras, Marseille, Cambrai, Saumur, Lyon, Nantes, Orange. Elle est forcée de quitter ces objets trop révoltants pour l'humanité trompée et fondant en larmes [1] ».

Il dénonce ses anciens collaborateurs, ceux qui, avec lui, ont été les auxiliaires de Fouquier-Tinville. Il montre « l'institution, sur tous les points de la République, de ces bureaux d'inquisition plus redoutables que le conseil inquisitorial de Venise, sous le titre de comités de surveillance, composés, la plupart, de ces esprits inquiets et soupçonneux qui, comme la plaie des sauterelles de l'Égypte, se sont introduits tout à coup dans les maisons, furetant tous les coins des appartements, for-

[1] *Causes secrètes.* p. 251.

çant le secret des armoires, déchirant le voile
moral des mystères de la couche nuptiale, bri-
sant le cachet des lettres, des dépôts, des tes-
taments, se précipitant sur le moindre chiffon
pour trouver des signes de conspiration dans
des phrases oiseuses, dérobant les assignats,
l'or, l'argent, les bijoux, forçant les voyageurs,
comme les monstres au temps d'Hercule, à
détourner leur route des villes et des villages.

« Quel jour de deuil que celui où chacun,
tremblant d'avoir des gravures, des tableaux,
des statues, des livres, des manuscrits, des
lettres de l'amitié, de l'amour, de la parenté, de
la reconnaissance, fut porté à vouer tous ces
monuments des affections tendres de la nature,
des arts, des talents et du génie, à la destruction
éternelle du fer et du feu !

« Quel jour de deuil que celui où, sous prétexte de l'intérêt de la République, l'on vit ce
nombre prodigieux d'incarcérations du créancier
par le débiteur, de l'amant favorisé par le
rival rebuté, du mari outragé par l'adultère
impuni, de l'artiste habile par l'artisan jaloux,
des maîtres par leurs domestiques, du juge
impartial par le plaideur condamné, du mili-

taire d'un grade supérieur par son inférieur envieux ! On a vu tous ces maux [1]. »

On sent qu'il n'a plus rien à ménager. Il dénonce avec une verve désespérée et il attaque sans relâche les auteurs de tous ces maux. Il les nomme : Barère, Billaud-Varenne, Collot d'Herbois, Vadier, Vouland, Amar, Robespierre, Couthon, Saint-Just. Ces hommes sont « coupables de tyrannie nationale ». Ce sont eux les véritables conjurés. Ils ont préparé leur coup de longue main, dans l'ombre, contre la souveraineté du peuple. Ils se sont rendus criminels par leurs discours « imposteurs et fallacieux », par leurs rédactions « louangeuses et philanthropiques de lois atroces et arbitraires », par leur mépris de la vie humaine. Ils ont été des « organisateurs de meurtre, des excitateurs de pillages, des entrepreneurs de massacres, des affameurs du peuple ». Ils ont alimenté la guerre civile ; ils l'ont éternisée.

Ils ont proclamé, « avec emphase », la *liberté*, l'*égalité*, la *fraternité* ; mais ils ont foulé aux pieds ces trois vertus sociales. Ils ont dit à

[1] *Causes secrètes*, p. 254.

autrui : « Si tu ne penses pas comme moi, je te condamne à mort. »

De Paris à la France, « comme du centre les rayons vont à la circonférence », ils ont donné le signal des délations, des incarcérations arbitraires, des persécutions. Ils ont provoqué des troubles plus sanglants que ceux de la Ligue. Ils ont mis la *Terreur* « à l'ordre du jour ».

Ils ont attribué les victoires des armées républicaines « à l'activité des supplices, à l'effusion horrible du sang ». Ils ont enlevé aux défenseurs de la Patrie la gloire de leurs triomphes. Ils ont voulu flétrir leurs lauriers. Ils ont tenté de rendre le peuple cruel et féroce, en l'accoutumant à des spectacles « destructeurs de l'espèce humaine. » Ils ont tenté de tuer en lui « les principes de douceur, d'humanité, de probité » ; ils ont nié la vérité ; ils ont sali la bonne renommée, « jeté l'incertitude dans l'esprit des pères de famille sur l'éducation, la profession à donner à leurs enfants ». Ils ont « arraché du cœur de l'homme le désir de l'union conjugale et celui de la paternité par la crainte de faire des malheureux[1] ».

---

[1] *Causes secrètes.* p. 259.

Leur but ? Détruire la République, établir leur despotisme. « Ils ont été des tyrans pour se perpétuer dans la tyrannie. »

Vers la fin de ces Mémoires, l'attaque se fait plus directe, plus acerbe. Elle vise nettement Billaud-Varenne, « ce nouveau Catilina, ce fils audacieux de la discorde et du crime, le poignard d'une main, la torche incendiée de l'autre, la tête échevelée et ses cheveux changés en couleuvres ».

Vilate l'interpelle : « Quoi donc ! comme le lion couvert et dégouttant de sang, tu veux régner toujours, par le carnage, au milieu des déserts, à l'aspect des cadavres palpitants ! Malheureux ! tu veux donc couvrir ta patrie des membres déchirés de la Liberté publique ? Qu'a-t-elle de commun avec toi, si ce n'est ta haine pour elle ? Sauve-toi si tu peux, mais ne renouvelle pas les fureurs du plus effronté conjurateur[1] ! »

Puis, le ton s'adoucit. Après un souvenir ému donné, en passant, à la mémoire de Camille Desmoulins et de Philippeaux, « dont les restes perdus et confondus ne peuvent être entourés

[1] *Causes secrètes*, p. 269.

de quelques faibles arbustes », il termine ainsi :

« La Révolution doit avoir un terme. La mort et la destruction ne doivent pas rester ses éternelles compagnes. Fut-il jamais, pour aucun peuple de la terre, une plus belle époque d'organisation sociale ? Les armées françaises victorieuses de tous les rois de l'Europe, les bornes de la République reculées jusqu'au Rhin ; l'Espagne et l'Italie n'ayant plus, dans les Pyrénées et les Alpes, que les limites tracées par la nature. Quels triomphes ! Faut-il, parce que nous sommes maîtres de donner la paix au Monde, conserver éternellement la guerre parmi nous ?

« Le ciel n'offrit jamais une plus belle occasion aux hommes d'acquérir de la gloire et les hommes ne peuvent souhaiter un temps plus favorable pour se signaler. Qu'ils seraient inexcusables les législateurs qui, pouvant régénérer un État, négligeraient de le faire ! Ils ont deux chemins ouverts devant eux : s'ils marchent dans l'un, ils passent une vie éloignée d'inquiétudes et d'appréhensions; ils font le bonheur d'un grand peuple et ils conservent, après la mort, une apothéose immortelle : s'ils s'enfoncent dans l'autre, ils ne trouvent que remords, traverses, alarmes continuelles; leur trépas est suivi d'une infamie éternelle; l'histoire les tient perpétuellement sur l'échafaud de la postérité qui les exècre [1]. »

[1] *Causes secrètes*. p. 270.

CHAPITRE X

Les mois se succédaient et Vilate était toujours prisonnier. Il changeait de prisons — et
c'était tout.

De la Force, il avait été transféré au Luxembourg. En ventôse, nous le trouverons détenu
à la Bourbe.

Le 1er nivôse an III, il écrit du Luxembourg
aux « citoyens composant le comité de Sûreté
générale :

« Le citoyen Vilate, âgé de vingt-six ans, du
département de la Creuse, incarcéré le 3 thermidor, par ordre du comité de Sûreté générale,
sur une dénonciation vague et insignifiante de

Billaud-Varenne, réclame de la justice du comité
de Sûreté générale d'être mis en liberté. Il
croit avoir assez prouvé qu'il n'est ni suspect, ni
coupable. Il a donc lieu d'espérer sa rentrée
prochaine au sein de la société. Si la calomnie
avait pu pénétrer dans le comité, je demande à
être entendu pour la pulvériser.

« VILATE [1]. »

Le même jour, il envoie à Regnauld (de la Manche), député à la Convention, le billet suivant :

« *Au citoyen Regnauld (de la Manche) député
à la Convention, rue de Seine, n° 32, à Paris.*

« Il me seroit difficile de vous exprimer ma sensibilité pour les marques d'attachement que
vous me témoignés. Vos désirs et les miens ne
ne (*sic*) peuvent qu'être bientôt réalisés. J'attribue la lenteur de la justice à la foule d'affaires
dont est environné le comité de Sûreté générale.
Avec le zèle d'un bon citoyen, on lève aisément
cet obstacle. Il est tems que les hommes probes
sentent enfin le besoin de se réunir. Leur salut
dépend de leur union. Quand la malveillance
s'agite, la vertu, le courage doivent être là pour

____

[1] Archives nationales, W. 500. p. 167.

14

la contenir et la renverser. Je n'ai d'ennemis que les hommes à qui j'ai arraché le masque. Leurs affidés sont connus. Je laisse à votre sagesse de décider le choix des personnes qu'elle croira devoir intéresser.

« Ma pétition est ci-incluse. Je suis, avec les sentiments que vous m'avez inspirés, votre concitoyen,

« VILATE [4]. »

« Du Luxembourg. 1er nivôse. l'an III. »

Le 20 nivôse, il réclame des vêtements et du linge, « dont il a le plus pressant besoin ». Il a toujours tardé, depuis le 3 thermidor, jour de son arrestation, à faire cette demande, « dans l'espérance d'avoir sa liberté ».

Il écrit de nouveau, le 28 nivôse, au député Regnauld :

« Je vous prie, citoyen, de voir Merlin de Thionville. Il m'a montré plus d'une fois de l'amitié. Je le crois disposé à m'être utile. Les obstacles doivent avoir cessé d'exister. On ne peut, sans une injustice révoltante, me retenir ici plus longtems. Je vois sortir tous les jours des billotins, des baréristes, des amis de la

---

[4] Archives nationales. W, 500. p. 168.

tête et de la *queue*. Et moi, qui n'appartins ni à
l'une ni à l'autre, on me laisse captif depuis le
3 thermidor. Voilà plus d'un mois que j'ai terminé un troisième ouvrage contenant six fois
plus de faits que les deux premiers. Les preuves
de ceux-ci sont incontestables. L'impression
de cet écrit ferait jaillir de nouvelles lumières. Voilà plus de deux décades que j'ai
écrit à mon imprimeur, qui me laisse sans le sol,
de venir chercher le fruit de quelques veilles.
Il n'a répondu à mes lettres que par de vaines
promesses. Je suis sans linge, sans vêtemens,
dénué de tout. Vous avez l'âme compatissante ;
vous aimez votre pays ; voilà pour moi de bien
douces espérances. Un brave soldat est plus
affligé de son absence du combat que des
maux sous le poids desquels le fait gémir la
tyrannie encore respirante. Ne vous laissez
pas décourager par la calomnie. Je me suis rendu
digne d'en mériter l'honneur. Je vous salue
avec les sentimens que vous m'avez inspirés.

> « Du Luxembourg, 28 nivôse, l'an III de la République
> une et indivisible,

> « VILATE [1]. »

[1] Archives nationales. W. 500. p. 164.

L'œuvre à laquelle Vilate fait allusion dans cette lettre, ce sont les *Mystères de la mère de Dieu dévoilés*, datés du palais du Luxembourg, le 8 pluviôse an III de la République française, une et indivisible.

Ce curieux ouvrage, auquel le prisonnier consacra les longues veilles de ses soirées d'hiver, n'eut pas l'effet qu'il en attendait; il ne fit pas « jaillir la lumière ». Et, s'il contenait « six fois plus de faits » que les précédents, la divulgation de ces faits était de nature à inquiéter des hommes qui préféraient les laisser enveloppés d'obscurité et d'oubli.

Vilate savait trop de choses qu'on ne lui demandait pas de dire. Ce fut sa perte que de les divulguer.

Il m'a paru intéressant et curieux d'analyser ce pamphlet violent, obscur, haineux, dirigé contre Barère surtout, contre Collot-d'Herbois, Billaud-Varenne, Dupin, Vadier et Robespierre.

Vilate commence par un avant-propos, où il déclare que son innocence ne peut être douteuse. Il répète ce qu'il a déjà dit, qu'il n'a assisté que très rarement aux audiences du Tribunal révolutionnaire [1]. Il rappelle ses maladies occasionnées par une « sensibilité trop affectée du malheur d'être condamné à siéger ». Il rappelle aussi son « indignation du sacrifice contre-révolutionnaire des plus zélés défenseurs des droits de l'homme et de la liberté, Philippeaux, Camille Desmoulins et autres ». Il ne nomme pas Danton.

Si, malgré son horreur pour les tyrans, il a continué à « les fréquenter », c'est qu'une fois admis auprès d'eux, il dépendait de sa vie de ne pas s'en éloigner. « Il était précieux pour l'intérêt sacré de la liberté qu'un citoyen se dévouât au supplice affreux de les observer, de les suivre dans leurs marches légères et tortueuses. »

Il va dévoiler « une intrigue profonde et d'un genre nouveau ; la vérité qui en jaillira ne fera qu'ajouter au mépris, à la honte dont les tyrans sont déjà couverts tous ensemble, Robespierre, Barère, Billaud, Collot, Vadier, comme une tourbe vile et audacieuse, hypocrite et superbe, ridicule et atroce ».

---

[1] Nous avons vu qu'il y était entré *comme juré de jugement* soixante-quatre fois.

Après avoir demandé au lecteur de ne pas s'en prendre à lui, Vilate, si les faits qu'il va révéler sont indignes de « la gravité révolutionnaire », il déclare qu'il n'a pas tout dit et qu'il faudrait « vingt volumes » pour tout dire.

On se rappelle le rapport présenté par Vadier le 27 prairial, à la Convention, sur l'affaire Catherine Théot, cette ancienne domestique à demi folle chez laquelle se réunissaient un certain nombre d'illuminés, parmi lesquels Dom Gerle, ex-chartreux, ancien collègue de Robespierre à l'Assemblée Constituante ; le médecin de la famille d'Orléans, Quesvremont, dit **Lamotte**, et la marquise de Chastenois. On sait que ce rapport de Vadier avait servi aux ennemis de Robespierre, pour détruire l'effet, incontestablement très grand, produit par la fête du **20** prairial vouée au culte de l'Être suprême.

Vilate nous dit :

« On se tromperait si l'on croyait avoir connu l'affaire de Catherine Théot par le rapport de Vadier, du **27** prairial. Les mystères de la mère de Dieu et la conspiration qui semblait en découler sont les moindres sujets dignes de la curiosité ; il est d'autres mystères politiques, voilés à dessein par la *plume de paon* [1]. »

Vilate dévoile donc les dessous de cette affaire Catherine Théot qui ne fut que le prologue comique du grand drame foudroyant du 9 thermidor. « Il est parvenu, dit-il, dans le silence de la retraite, à dissiper tous les nuages. » Voyons s'il y a réussi.

Comme il prévoit qu'on pourra douter de sa véracité, il répond d'avance aux objections.

« Les tyrans essaieront de changer en fictions les faits de ce nouvel ouvrage. Ils sont accoutumés à vouloir dénaturer l'essence des choses. Mais je continuerai à les démasquer... Pygmées politiques, leur art perfide fut de magnétiser toute la France, de la plonger dans cette extase trompeuse qui lui faisait envisager la mort comme la félicité. »

Il dénonce Vadier, qui, dans une brochure, attaqua ses deux premiers récits.

« Faudrait-il entendre en témoignage les habitants de Clichy, rappeler à leur mémoire non seulement les plaisirs de Versailles et de Trianon, mais encore les scènes royales de

[1] Barère.

Louis XIV avec ses brillantes maîtresses dont ce village fut le théâtre scandaleux ?... Voici, sans doute, quelles seraient leurs dépositions. Les mêmes bosquets, les mêmes berceaux, les mêmes lits de verdure ont ombragé les tendres soupirs de la cour du superbe despote et la société des destructeurs du trône qu'il croyait avoir assuré à sa postérité. Si Vadier n'eût pas partagé les habitudes, les jouissances des décemvirs ; s'il eût observé les mœurs sévères que lui commandaient la gravité de son caractère et ses *soixante années de vertu*, l'austérité que la nature marâtre a donnée à ses dehors et à ses manières, il pourrait se défendre de la fausse honte d'avoir figuré dans les cercles où son aspect repoussant et rébarbatif ombrait la gaîté des jeux volages, effrayait les plaisirs et les grâces. Moderne Polyphème, pour ainsi dire, ne semblait-il pas les rechercher avec le désir d'y rencontrer quelques Galathées ? »

On a quelque peine à suivre Vilate dans son argumentation des *Mystères de la mère de Dieu dévoilés*, tant il s'écarte souvent du sujet pour raconter des anecdotes. Il nous apprend ainsi qu'au Luxembourg, c'est la célèbre artiste Lacombe, « présidente de la Société fraternelle des amazones révolutionnaires », qui tient « l'échoppe des menus-plaisirs destinés aux prisonniers ». Simple, gracieuse aux acheteurs, cette reine de théâtre « n'est plus qu'une petite bourgeoise modeste « tirée à quatre épingles » et qui sait débiter sa marchandise au plus haut prix ». Elle enveloppe « par politesse » la bougie que chaque soir lui achète Vilate d'un « chiffon de papier qui vaut, à lui seul, les cinquante sous qu'elle la vend ; il faut payer, chaque soir, cette somme sans compter le prix de quelques petites pommes de reinette à sept sous la pièce. Avec quelle grâce encore dit-elle : « Le tout pour obliger les citoyens ! »

Un soir, en développant ce chiffon de papier, Vilate y lit ce passage : « Supposez que les ambassadeurs de Typpo-Saïb arrivés en France en... [1], n'y fussent venus que dans ces temps

[1] Vilate ne donne pas la date de cette ambassade. Il dit qu'à cet endroit, « il y a un trou dans le papier ». — Il s'agit de l'ambassade envoyée à Louis XVI, en 1788, par le successeur d'Hyder-Ali, le sultan Typoo-Saïb, roi de Mysore, qui excita vivement la curiosité en France. — « Les mœurs, les habitudes, les costumes de ces Indiens furent longtemps le sujet de nos conversations, le type de nos modes. » (Souvenirs d'un page de la cour de Louis XVI, publiés par M. le comte d'Hereeques. Perrin, 1895.)

calamiteux où les places publiques sont couvertes d'échafauds, ignorant notre langue, nos mœurs, nos lois, notre Révolution. Qu'auraient-ils rapporté à leur retour au fond des grandes Indes ? Il me semble lire sur leur itinéraire cette relation : « Les Français, dont la gloire « est venue jusqu'à ces contrées, sacrifient « leurs semblables, par centaines, à deux « divinités appelées : Liberté, Égalité, sur un « autel élevé entre leurs statues . »

Il revient ensuite aux *Mystères*. Ils prétend que le « Verbe Divin » n'est autre que Robespierre.

« Les doctes connaissent l'histoire de Psaphon, libyen. Voulant passer pour dieu, il apprit à un essaim d'oiseaux à répéter ces paroles : « Psaphon est un grand dieu ». Une fois instruits, il les lâcha dans le pays où ils firent retentir leur leçon. Les habitants de Libye, frappés de surprise, décernèrent à Psaphon les honneurs divins. Robespierre, au lieu d'oiseaux, avait une nuée de femmes : une vieille baronne, espèce de coryphée, continuellement chez lui, donnait le ton aux ado-

rations. Sans cesse elles avaient à la bouche :
« Ce Robespierre! c'est un Dieu; il est sans
pareil; c'est l'homme divin, c'est le fils de
l'Être Suprême... Par quel prestige certains
hommes parviennent-ils à inspirer, surtout au
sexe, cette idée surnaturelle qui semble les
faire participer de la Divinité? »

Vilate rappelle alors avec quelle « affectation » Robespierre se servait du mot *providence*,
tandis que Guadet[1] ne parlait que de *fatalité*. Il
invite les lecteurs à se reporter à la défini-
tion « réfléchie » de la liberté, inscrite dans la
Déclaration des Droits de l'homme et qui corres-
pond à la maxime évangélique : « Ne faites pas
à autrui ce que vous ne voudriez pas qui vous
fût fait. »

« On n'oubliera pas son discours aux Jacobins contre la faction des Hébertistes procla-
mant l'athéisme, dans lequel il disait : « Si
« Dieu n'existait pas, il faudrait l'inventer..... »
De bonne heure, il avait préparé la fondation

---

[1] Guadet (Marguerite-Élie) député de la Gironde. Membre de
l'Assemblée législative de la Convention nationale et du club des
Jacobins; — Guillotiné à Bordeaux le 16 juin 1794. Dans le
procès de Louis XVI, il avait voté pour l'appel au peuple et pour
la mort avec sursis.

de l'Être Suprême. Il serait trop long de rapporter tous les traits singuliers de spéculation religieuse, appliqués à la République française, que son projet de décret offre à la méditation. Sans cesse chatouillé par des lettres qui lui arrivaient de tous les coins du monde, où on le traitait réellement d'envoyé du Ciel, de Fils de Dieu, de Sauveur de la France, de fondateur de la République naturelle. Sa vanité et son orgueil savouraient avec complaisance les flatteries ridicules de dom Gerle, introduit quelquefois dans sa maison, lui annonçant que la Mère de Dieu l'avait choisi pour en faire son Verbe divin, que sa mission auguste est prophétisée clairement par l'Écriture dans l'annonciation d'un envoyé de l'Être Suprême, de l'oint du Seigneur, du Vengeur céleste, renversant les idoles de pierre et de bois et lançant la foudre, au milieu des éclairs, sur les Titans orgueilleux, sur la partie enragée de la nation... Dans son domestique, attentions recherchées, caresses louangeuses, désirs prévenus, sollicitude craintive, soupirs recueillis, mignardises flatteuses. Toutes les voluptés de la mysticité semblaient environner le tyran ; et nul directeur de nonnes

ne fut jadis davantage le tendre et précieux
objet de plus douces inquiétudes et de soins plus
affectueux de la part des chères mères en Dieu...
Avec quelle joie orgueilleuse, marchant à la
tête de la Convention nationale, entouré d'un
peuple immense, répondant par l'élégance de
la parure à l'éclat pur et radieux d'un si beau
jour, il se pavanait, pour la première fois,
revêtu de l'écharpe tricolore de représentant
du peuple et la tête ombragée de panaches flot-
tants ! Tout le monde remarqua son ivresse.
Mais, tandis que la foule, enthousiasmée, faisait retentir les cris de : « *Vive Robespierre!* » qui,
dans une République, sont des cris de mort,
ses collègues, effrayés de ses prétentions auda-
cieuses, incommodaient ses oreilles, comme il
s'en est plaint depuis, de traits satiriques, de
sarcasmes piquants : « Voyez-vous comme on
l'applaudit? ne veut-il pas faire le Dieu? n'est-ce
pas le grand prêtre de l'Être Suprême...? » A cet
égard, ce mot lui est échappé : « On aurait cru
voir les Pygmées renouveler la conspiration des
Titans. » Alexandre, se faisant déclarer par
l'oracle d'Ammon fils de Jupiter, n'était pas plus
superbe... Non seulement les membres de la

Convention devinaient ses projets théocratiques ; je tiens d'une personne, pour l'avoir entendu aux Tuileries, ce mot énergique d'un vrai sans-culotte : « Voyez ce bougre-là ; ce n'est pas « assez d'être le maître, il faut encore qu'il soit « un dieu [1] ! »

Donc, Robespierre était le Verbe divin des *Mystères*. Invention machiavélique de Barère pour perdre Maximilien, cette affaire sensationnelle avait été présentée « seulement de profil » à la Convention, « avec ce talent agréable et léger, habitué à transformer en carmagnoles les victoires des armées de la République ». C'est ainsi que l'organisateur de la fête de l'Être Suprême « devait entrer dans le système général de la contre-révolution sacerdotale ».

Vilate objectait à Barère : « Comment peut-on prendre au sérieux cette idée ?

— Les hommes, répondait Barère, sont si faibles, si peu faits pour les spéculations métaphysiques que, par un penchant naturel, ils se livrent à tout ce qui tombe sous leurs sens et flatte leurs craintes ou leurs espérances. C'est surtout en temps de Révolu-

[1] *Causes secrètes*, p. 310 à 314.

tion que le danger des impostures religieuses
devient extrêmement grave et doit exciter
une attention sévère; parce que le peuple, privé
de ses pratiques de dévotion habituelle, s'abandonne au vague incertain d'idées morales, de
principes de conduite, de sentiment et d'opinion. Dans ces temps difficiles, les hommes,
presque tous malheureux et accablés, portant
sur leurs visages les traits des maux qu'ils
endurent et du trouble de leurs pensées, cher-
chent leurs consolations dans une cause supé-
rieure. Ne sont-ce pas les persécutions qui
rendent sacrés les infortunés et en font des
dieux? Jupiter n'eut-il pas sa chèvre qui le
nourrit? Moïse, dans son berceau d'osier,
échappa aux flots de la mer. Osiris n'eut-il pas
son bœuf Apis? Hercule, à la mamelle, triompha
de deux serpents. Romulus ne fut-il pas
allaité par une louve? Le fils de Marie eut
l'étable de Bethléem contre la proscription
d'Hérode. »

Si l'affaire Catherine Théot avait été jugée au
Tribunal révolutionnaire, on eût recueilli tous
les faits qui, de la part de Robespierre, auraient
prouvé « son attachement au système de la

Divinité ». On eût fait comparaître « les saintes
bigotes dont il était environné, si enthousiastes
que, comme les femmes de la Passion, elles ne
sont pas dans ce moment sans espérer sa résurrection ».

C'est l'infernal génie de Barère qui a perdu
Robespierre. Vilate pense que « la division
dans le décemvirat remonte à la fête de l'Être
Suprême ». Barère, Collot d'Herbois, Billaud-
Varenne, Vadier se sont emparés des *Mystères*
pour le renverser. Robespierre a « travaillé, de
son côté, la Société des Jacobins ». Les deux
partis se sont livré une lutte suprême et déci-
sive. Ainsi, d'après lui, ils ont préparé « l'heureuse révolution du 9 thermidor..... »

« Robespierre, alors, marche insensiblement
au pouvoir suprême, prétendant à la gloire de
réparer les calamités de la France après les
avoir provoquées. Ses adversaires tentent de
prendre sa place. Mais, on remarquera cette
différence qu'il osa les attaquer de front, tandis
qu'eux ne l'attaquèrent que dans l'ombre,
d'une manière vile et basse, même en le
flagornant publiquement jusqu'à sa défaite ;
conduite qui prouve, de sa part, son audace

et, de la part des autres, leur turpitude...

« Est-ce bien le peuple français, si grand dans l'Univers par ses lumières, par ses armes, par son étonnante Révolution, qui est devenu le jouet et la victime d'une poignée de tyranneaux, naguère inconnus sous d'autres rapports que ceux de la nullité, appréciés entre eux par cette vérité sortie de leurs bouches au milieu de leurs querelles... Pygmées politiques, auxquels ce serait trop confier que donner une basse-cour à gouverner ![1] »

Tel est ce pamphlet en trois parties où Vilate mit en œuvre les dons d'observation qu'il avait reçus de la nature et les citations de l'antiquité classique qu'on lui avait enseignées dans ses collèges. L'auteur des *Causes secrètes* et des *Mystères* démêle dans l'œuvre des hommes qu'il a fréquentés et servis bien des germes de mort. Par moments, il entrevoit l'avenir. Mais il ne peut s'empêcher de céder à ses haines. Il sacrifie aux besoins de sa défense. Pour se disculper, il accuse. Et son œuvre en est gâtée et amoindrie. Tel qu'il est, cependant, cet important travail

[1] *Causes secrètes*, p. 333.

de rédaction où il employait les longues veilles
de ses nuits de prisonnier est intéressant. En
dépit de bien des obscurités — voulues pour la
plupart — les événements n'y sont pas si déna-
turés ni les hommes si travestis qu'on ne les
sente pris sur le vif, dans leurs attitudes familières, avec leurs gestes habituels. Il les a bien
connus. Il a vécu dans leur intimité. Il se soucie
assez peu de la précision historique, on le sent ;
et, pourtant, il a de ces mots qui éclairent tout
un caractère, de ces traits qui peignent toute
une scène ; il les sème un peu au hasard,
parce qu'ils lui viennent naturellement. Personne ne passe des sujets graves aux familiers
avec plus d'aisance Il se laisse conduire au gré
de ses souvenirs et on l'écoute volontiers — en
se méfiant parfois, il est vrai. Mais c'est un
écrivain qui a su voir et rendre ce qu'il voyait.

Il termine son troisième Mémoire par cet
épilogue mélancolique et prudent :

« Ainsi je charme les ennuis de ma longue
détention en dévoilant les tyrans qui m'ont
plongé dans les fers, pour avoir commencé à
venter leurs complots. Puissent tous ceux qui

leur ressemblent pâlir d'effroi et s'arrêter dans la carrière du crime ! Les tyrans peuvent induire en erreur la jeunesse, d'autant plus facile à tromper qu'elle croit à la vertu ; mais ils apprennent, par mon exemple, que, bientôt désabusée, indignée d'avoir été aveuglée, elle se fait un devoir honorable de les démasquer dans l'opinion publique. Mon cœur approcha du crime ; il n'en est pas flétri.

« Qu'on ne dise pas que je trahis leur confiance. Je ne fus par dépositaire de leurs secrets. Ils ont voulu faire de moi une dupe avant d'en faire une victime. Ce que mes yeux dessillés ont surpris dans les occasions rapides comme l'éclair, je ne dois point le taire en faveur des oppresseurs de ma patrie quand elle peut en tirer quelque utilité. Je crois à la morale, et, jamais je n'ai trahi et ne trahirai les épanchements du cœur. On avait beau exciter les dénonciations, dire qu'on n'était pas patriote quand on n'avait pas dénoncé et fait incarcérer, j'ai toujours gardé, dans mon intérieur, les confidences, les indiscrétions échappées. Je ne peux pas me tromper : j'ai du moins le sentiment de bien mériter des gens honnêtes. Quoi qu'en fassent les tyrans passés et à venir, la liberté de la presse sera éternellement l'aurore de la vérité et rien de leurs infamies ne restera caché. La vérité sortira du fond des cachots pour les vouer à l'opprobre. Puisse chacun se pénétrer de la nécessité d'être de bonne foi et vertueux! Les crimes les plus secrets seront publiés sur les toits... »

« J'ignore pourquoi je reste toujours captif. La justice exige ma liberté. Quoi qu'il en soit des motifs de détention trop prolongée, je respecte la négligence du comité de Sûreté générale à mon égard. La Convention nationale et les autorités de gouvernement qui en émanent n'en sont pas moins l'objet de ma vénération ; mais je dirai qu'il est cruel de n'être pas témoin des espérances de bonheur dont elle console la France éplorée, tandis qu'on l'a été, malgré soi, des ravages qu'elle vient d'éprouver et de ne pouvoir concourir de toutes ses forces aux mesures de restauration, après tant de malheurs.

« Du palais du Luxembourg, le 8 pluviôse, an IIIᵉ de la République française, une et indivisible.

« VILATE. »[1]

[1] *Causes secrètes*. p. 335.

CHAPITRE XI

Cependant, le procès de Fouquier-Tinville, celui des juges et des jurés du Tribunal de la Terreur s'instruisait lentement, minutieusement, sûrement.

La Convention reprenait l'affaire des anciens comités de Salut public et de Sûreté générale. Billaud-Varenne, Collot d'Herbois, Barère et Vadier étaient, après Robespierre, Saint-Just, Couthon, reconnus responsables du régime de la Terreur. Dans la nuit du 12 au 13 germinal, (1er-2 avril 1795), sur la proposition d'André Dumont[1], ils furent condamnés à être déportés.

Le 8 germinal, Fouquier et vingt-trois juges et jurés du Tribunal révolutionnaire comparais-

[1] Député à la Convention.

saient devant le nouveau Tribunal[1]. Vilate s'asseyait au banc des accusés avec Trinchard, Leroy surnommé Dix-Août, Renaudin, Chrétien, Duplay, Prieur, Châtelet, Brochet, Girard, Trey, Pigeot et Aubri, dans cette ancienne Grand'-Chambre du Parlement de Paris où il avait siégé comme juré.

Liger de Verdigny présidait.

Les débats s'ouvrirent par un discours du substitut Cambon qui, s'adressant aux jurés, leur dit :

« Citoyens jurés, je viens au nom de la vindicte publique dévoiler de grands crimes, dénoncer de grands coupables. Ces crimes tiennent à ceux de la faction liberticide qui, par ses infâmes complots, sut, pendant près de dix-huit mois, abattre tous les courages, comprimer jusqu'à l'énergie de la représentation nationale, répandre la terreur et la consternation sur le sol de la liberté[2]... »

Il accuse Fouquier-Tinville ; il accumule les griefs contre lui, contre les juges. Passant aux

---

[1] Arch. nat. W. 499, n° 550.

[2] Buchez et Roux. Histoire parlementaire de la Révolution française ou Journal des Assemblées nationales depuis 1789 jusqu'en 1815, t. XXXIV, p. 292.

jurés, il dit : « La sublime institution des jurés est un objet digne de la vénération publique. Scruter, rechercher la conscience des jurés, leur demander compte du motif qui décida leur opinion, serait une violation de nos devoirs si ces fonctions avaient été confiées à des hommes vertueux et sans reproches. Mais, quand des êtres immoraux et vicieux sont appelés pour prononcer, en leur âme et conscience, sur la vie et l'honneur des citoyens, on voit clairement qu'ils ont cédé à des considérations particulières et méprisables. Alors, cette belle et touchante institution devient, entre leurs mains, le fléau de l'humanité.

« C'est une épreuve que la société vient malheureusement de faire. Les jurés que j'accuse étaient d'une immoralité reconnue : ils étaient vendus à la faction Robespierre, Hanriot. Couthon, Saint-Just, Fleuriot et Fouquier. Celui-ci les appelait les *solides* ; c'est au milieu des orgies qu'ils supputaient avec lui le nombre des victimes à immoler. C'était dans leurs sections respectives qu'ils demandaient à verser le sang humain et à anéantir la liberté individuelle... Les uns jouaient tout à la fois le rôle de dénonciateurs et de juges, parce qu'ils occupaient, cumulativement, la place de président des commissions populaires et celle de juré ; les autres ne venaient siéger, disaient-ils, que pour faire feu de file... »

Selon quelques-uns, les prêtres et les nobles étaient des gibiers à guillotine. Au dire des autres, « il leur suffisait de voir les gens pour assurer leur jugement ; la seule inspection du physique les déterminait à voter la mort ». Ces jurés solides faisaient semblant de se retirer dans leur chambre pour délibérer et, au bout de quatre à cinq minutes, d'un quart d'heure, d'une heure au plus, ils venaient prononcer la mort contre une foule d'accusés. Tandis qu'ils délibéraient, les étrangers venaient influencer leur opinion ; Fouquier-Tinville venait, ainsi, très fréquemment prendre part aux délibérations et dire son mot.

Les moyens de défense de ces jurés sont identiques. Ils nient tout. Ils déclarent qu'ils n'ont jamais émis leur opinion que d'après leur intime conviction et qu'ils « ont toujours prononcé en leur âme et conscience ».

Cambon termine son acte d'accusation en

requérant la mise en jugement des prévenus.

Boutroue, défenseur, proteste. Il demande que tous les anciens jurés du Tribunal de la Terreur soient mis en cause ou qu'on relâche les autres.

Un de ceux-là, le cafetier Chrétien, déclare alors :

« Aucun des jurés qui sont ici ne veulent sortir des débats; ils y resteront, afin que leur conduite soit épurée devant le peuple. »

Des murmures s'élèvent; le peuple proteste contre ces paroles.

Dès le 9 germinal, les dépositions commencent à la charge de Vilate.

Gabriel-Jérôme Sénar, homme de loi, l'accuse d'avoir dit que le Tribunal révolutionnaire était « un tribunal politique qui devait justifier ceux qui lui étaient présentés ». Vilate lui aurait déclaré, en parlant des *Causes secrètes*, qu'il avait eu des raisons pour attaquer Barère, et que cela le sauverait.

Vilate ne répond pas, d'abord, à cette déclaration de Sénar ; mais, après une discussion entre le témoin, Cambon et Fouquier-Tinville, il prend la parole et dit ce qu'il pense de Sénar [1].

« Le témoin était l'agent actif de la tyrannie décemvirale ; il m'a outragé ; il a dit que j'étais un scélérat, que Tallien était un scélérat ; qu'il y passerait ; que Cambon se repentirait de n'avoir pas accueilli sa dénonciation contre Tallien ; que cette faction disparaîtrait devant le peuple ; que Barère triompherait ; que je serais guillotiné. Je ne comptais guère être traduit devant le Tribunal. Arrêté le 3 thermidor, je n'ai siégé que peu de fois depuis le 22 prairial.

Sénar. — Je déclare que Dossonville [2] porte des pièces qui prouvent que Vilate était complice de la Commune du 9 thermidor.

Vilate. — Je répondrai à Dossonville et à ses pièces.

Sénar. — Je déclare que j'ai dit la vérité.

[1] Sénar (Gabriel-Jérôme), secrétaire et agent secret du comité de Sûreté générale, interrogeait les suspects et dirigeait les arrestations. On ne le laissait pas sortir sans être accompagné d'un gendarme qui le protégeait et le surveillait. Emprisonné comme terroriste après le 9 thermidor, il troubla souvent de ses dénonciations le triomphe des thermidoriens, Tallien et autres, qu'il accusa de n'avoir renversé Robespierre que pour s'emparer du pouvoir. Sa détention dura un an. Il mourut à trente-six ans, le 10 mars 1796.

[2] Qui avait arrêté Vilate.

Dans la même audience, Richelot, commis-greffier de la Force, déclare que Ferrière-Sauvebœuf[1] avait avec Vilate des entretiens, qu'il lui témoignait sa surprise de ce qu'un homme instruit, comme lui, eût accepté une place de juré au Tribunal révolutionnaire. Vilate aurait alors répondu : « Je ne sais pourquoi on me retient en prison sous le prétexte que j'ai été juré. Il n'y a jamais eu de grandes fournées de mon temps ; toutes les fois que j'ai siégé, il n'y avait que sept ou huit individus condamnés à mort. »

— « Je vous avouerai, dit le témoin, que de telles expressions ne m'ont paru rien moins que plaisantes. »

Vilate. — Je ne me souviens pas d'avoir tenu ce propos. Cependant, il est possible que Ferrière ayant été étonné qu'un homme qui avait

[1] Ferrière-Sauvebœuf, ancien officier, avait été en 1782, diplomate à Constantinople et à Ispahan ; après avoir parcouru la Turquie, la Perse et l'Arabie, il revint en France en 1789. Il fit montre de principes ultra-révolutionnaires et devint membre de la Société des Jacobins. Dénoncé en 1794, exclu de la société et traduit devant le comité de Sûreté générale, il fut écroué au Luxembourg, où il eut la réputation d'agent provocateur auprès de ses compagnons de prison. En 1799, le Directoire l'envoya en mission secrète dans la Cisalpine auprès de l'armée de Schérer. Ce général le fit arrêter, à Milan. Il s'évada. — Après le 18 brumaire, il se retira en Champagne où il vécut jusqu'en 1814. Il leva un corps franc pour combattre l'invasion. Il mourut assassiné.

reçu de l'éducation eût été juré au Tribunal, j'ai pu lui répondre que j'avais eu le bonheur de ne pas me trouver aux grandes fournées où l'on jugeait, à la fois, jusqu'à soixante et quelques accusés. Mais cela ne signifiait pas que j'aie regardé comme peu de chose d'avoir donné mes opinions dans une affaire où il y avait eu sept à huit personnes condamnées.

Un homme de loi, Germain-André Goureau, témoin, déclare, « d'après ce qu'on lui a dit », que Vilate n'était jamais embarrassé et qu'il se vantait d'être toujours convaincu.

Vilate. — C'est faux.

Fouquier-Tinville. — J'ai appris qu'il existe au tribunal du troisième arrondissement des pièces contre Goureau.

Goureau nie le fait.

A l'audience du 15 germinal, Ferrière-Sauvebœuf, au cours de sa longue déposition, raconte :

« Le 4 thermidor, rentra à la Force Vilate, prêtre et juré au Tribunal révolutionnaire ; on le voyait de mauvais œil et, pendant plusieurs jours,

on fuyait sa rencontre ; il m'aborda cependant.
Je lui dis : « Comment peut-il se faire que le
ministre d'un Dieu de paix se soit rendu l'instrument de tant de massacres ? » Vilate me
répondit : « Je n'ai siégé que pour des misères ;
je n'ai jamais assisté aux grandes fournées et
simplement pour cinq ou six, mais ce n'étaient
que des sans-culottes et pas des gros. » J'observe que Vilate a répété plusieurs fois ces expressions dans la cour en présence des détenus.
J'ajoute que j'ai su au greffe du Tribunal que
Vilate avait été juré dans la fournée des soixante
chemises rouges. Le 9 thermidor, Vilate venait
d'être appelé pour être mis en liberté, conjointe-
ment avec Boulanger et Lavalette, décrétés d'accusation par la Convention nationale ; l'ordre
indiquait en même temps un rendez-vous à la
Commune. Ce mot de ralliement, d'après tout ce
qui se passait, fit qu'ayant moi-même annoncé à
Vilate sa liberté, je fis faire au concierge la
réflexion que, sur un ordre de la police. il ne
pouvait mettre en liberté un homme arrêté par le
comité de Sûreté générale ; le concierge adhéra
à mon avis et, un moment après, arriva l'ordre
de le retenir ainsi que ses deux acolytes, Bou-

langer et Lavalette. C'est par l'intrépidité que j'ai montrée pendant plus d'un mois — et notamment le 9 thermidor — que tous les préposés à la garde de la maison d'arrêt de la Force ont attesté que j'avais sauvé les détenus du massacre dont ils avaient été menacés. »

Vilate, interpellé de dire s'il est prêtre, répond « qu'il n'en a pas rempli les fonctions ; que le titre de prêtre n'avilit pas plus que celui de noble ». Il prétend n'avoir pas tenu les propos qu'on lui prête. Il dit n'avoir siégé « que pour des misères, comme cinq à six accusés ». Il fait observer que son mandat de sortie de la Force, le 9 thermidor, était signé de deux membres de la Commune.

Le président. — Il résulte de la déposition du témoin que le porteur de votre mandat de mise en liberté vous a dit : « Tu sais où est le rendez-vous ? » et que vous lui avez répondu : « Je le sais, c'est la Commune. »

Vilate. — On me lut le mandat chez le concierge ; il y était dit que je me transporterais à la Commune. J'ai pu dire que je m'y rendrais ; j'étais bien aise de sortir. J'ignorais tout ce qui se passait. Je ne connaissais pas les administrateurs; si je les eusse connus, ils ne m'auraient pas enlevé tous mes papiers, tous mes assignats, ou ils me les auraient rendus. Les complices de Robespierre furent arrachés de la Force à neuf heures du soir. S'ils m'avaient emmené avec eux, Collot et Barère m'auraient fait mettre hors la loi. Le témoin prétend qu'on voulait aussi faire sortir Lavalette et Boulanger. Je ne connaissais ni l'un ni l'autre. D'ailleurs ce mandat n'était pas mon fait. Je n'ai pas siégé dans l'affaire des chemises rouges. Le témoin a été dénoncé par Lecointre. Lorsque j'entrai à la Force, on me dit que Ferrière-Sauvebœuf était en relations avec le comité de Sûreté générale et avec Fouquier-Tinville. Le témoin est entré, une fois, dans ma chambre, a lu ce que j'écrivais contre Barère, m'a fait craindre d'en trop dire sur son compte. »

Ferrière-Sauvebœuf. — Vilate attaque ma moralité.

Les juges le rassurent et lui disent qu'il n'en est rien.

Ferrière-Sauvebœuf. — Vilate m'accuse d'avoir des relations avec le comité de Sûreté générale; j'ai démontré que j'avais osé combattre les administrateurs qui opprimaient les détenus. Moi seul, j'ai eu le courage de me raidir contre leur barbarie ; mes relations avec Fouquier ont été également connues par les lettres qu'il convient avoir reçues et qui n'avaient d'autre but que de faire cesser les atrocités commises dans les prisons ; Vilate a déclaré que je disais, au passage des détenus allant au Tribunal révolutionnaire : « A telle heure, ils ne seront plus. » Eh! qui doutait qu'ils ne fussent envoyés à la boucherie?

« Citoyens jurés! j'ai été calomnié par Lecointre, de Versailles. Quand un représentant du peuple devient calomnisateur à la tribune, il doit descendre dans l'arène avec celui qui se justifie. Lecointre est revenu sur ses pas dans une lettre où il me promet de solliciter lui-même ma liberté au comité de Sûreté générale ; ce n'est point à l'intrigue, ni aux faveurs de quelques membres de ce comité à qui j'ai dû ma liberté ; c'est lui qui m'avait traduit au Tribunal révolutionnaire ; c'est un jugement authentique qui m'a rendu à la société. »

A l'audience du 24 germinal, la femme Morizan, buvetière du Tribunal, déclare que

Vilate ne buvait que du lait et qu'elle ignore
qu'il soit entré des étrangers dans la chambre
des jurés pendant leurs délibérations. L'un
d'eux, Gannoy, ôtait la clef de la porte.

Mais, à l'audience du 29 germinal, Tirrard,
ex-huissier du Tribunal révolutionnaire, de
qui Vilate a reçu sa première convocation
comme « juré de jugement » dans l'affaire des
hommes d'Hazebrouck, le jeudi 3 octobre 1793,
vient affirmer que « Vilate se déclarait toujours
convaincu, qu'il ne l'a jamais vu acquitter un
accusé ; qu'il avait un cure-dents à la bouche et
ne restait pas quatre minutes à la chambre des
jurés; qu'il se promenait dans les couloirs, vint
un jour au bureau des huissiers, et qu'il monta
dans un fauteuil pour voir par-dessus la cloison
les malheureuses victimes qu'il allait vouer à la
mort ».

— Vilate : « Ces allégations sont fausses[1]. »

Il se tait et le témoin Perdrix prend la parole
pour dire que lorsque lui, Perdrix, était détenu,
Lanne, le commissaire-adjoint des adminis-

[1] Elles le sont, tout au moins en partie. Après avoir noté une
par une, dans les dossiers du Tribunal révolutionnaire, les affaires
où Vilate était *entré à l'audience comme juré de jugement*, j'ai
constaté que, dans plusieurs, les accusés avaient été acquittés à
l'unanimité des jurés.

trations civiles, police et tribunaux, se servait de son cabriolet pour faire ses courses dans les prisons et dresser des listes. Les noms des jurés portés sur ces listes étaient, le lendemain, imprimés dans les journaux.

A l'audience du 1er floréal, Étienne Masson, ex-greffier du tribunal de la Terreur, déclare :

« Je regarde comme les plus intrépides des chefs de file : Renaudin, Dix-Août, Trinchard, Châtelet, Gérard, Vilate et Prieur. — J'ai entendu rapporter le propos suivant de Vilate : « Il est quatre heures, les accusés sont double- ment convaincus; ils conspirent contre mon ventre. »

Ce même 1er floréal, à l'audience du soir, Julien de Carentan, professeur de l'Université de Paris, ex-secrétaire général de l'ancien comité de Sûreté générale, prisonnier depuis dix- sept mois, dépose.

— Julien de Carentan : « J'ai entendu dire à Aubry que Vilate lui avait tenu le propos suivant : « Dans les temps de révolution, tous ceux qui sont traduits au Tribunal révolution- naire doivent être condamnés. »

— Desgaigniers, ex-huissier du Tribunal de la

Terreur, « actuellement rentier », déclare :
« J'ai vu fort souvent Vilate, lorsqu'il siégeait
dans une affaire, ne pas monter avec ses
collègues dans la chambre des délibérations,
mais courir dans les différentes salles du Tribunal, en attendant que les autres jurés ren-
trassent à l'audience pour y faire leur délibération. »

— Vilate : « Je montais toujours à la chambre
des jurés, mais il a pu arriver que, quelquefois,
je sois sorti avant mes collègues. »

Le 12 floréal, à deux heures après midi, les
débats de ce grand procès furent clos.

L'immense réaction commençait. C'était
« l'explosion de la vie après le règne de la
mort, la revanche de la nature après cette com-
pression monstrueuse et dénaturée [1]» que fut
la Terreur. Ce fut aussi une terrible liquidation
judiciaire.

Depuis le 1er floréal jusqu'au jugement, les
audiences durent douze heures par jour. Fouquier se défend avec une présence d'esprit,
une force d'argumentation qui dénotent l'an-

[1] Michelet.

cien procureur et aussi une terrible et formidable aptitude à la lutte, à la vie. Il a suivi tous les détails, noté tous les griefs, répondu à tout, de point en point, nié quand il le fallait, s'est retranché derrière cet argument : « J'étais le serviteur de la loi. »

Vilate, moins brillant dans la défense, a cependant fait tête à ceux qui le chargeaient. Il attend le verdict avec confiance.

Le 12, à cinq heures du soir, Cambon, substitut de l'accusateur public, fait son résumé. A sept heures et demie, Fouquier est entendu dans sa défense générale jusqu'à dix heures.

Le 13, de neuf heures du matin à onze heures, Fouquier continue à être entendu. Naulin et Herman sont également entendus. La séance est levée à deux heures.

Le 13, l'ancien marquis de Montflabert, surnommé Dix-Août, Lanne, l'ancien commissaire aux administrations de police civile et tribunaux, Sellier, Chrétien, Vilate sont entendus dans leur défense générale.

Le 14, toute la journée, les autres accusés sont entendus.

Le 15, les avocats prennent la parole.

Gaillard de la Ferrière pour Fouquier, Cressend pour Boyenval et Verney, Vilain pour Benoît et Valagnos, Boutroue pour les juges et les jurés en masse ; Gobert pour Herman, Lanne et Beausire. Le soir, Cressend reprend la parole et plaide pour Dupaumier, Quenaud pour Guyard, Domanget pour chacun des ex-jurés et ex-experts.

Le 16, à neuf heures du matin, Domanget continue son plaidoyer. Dix-Août, Fouquier-Tinville, Gannay et Valagnos, font quelques observations pour compléter leur défense.

Le Tribunal se retire en chambre du conseil. A une heure et quart, Cambon prononce son réquisitoire et le Tribunal déclare que les accusés seront jugés sans désemparer. Le président résume l'affaire. Les jurés se retirent dans leurs chambres de délibérations.

Le 17, à midi, ils rentrent pour faire leur déclaration. Elle dure trois heures. Le Tribunal se retire dans la chambre du conseil pour y délibérer.

Vers cinq heures, les jurés rendent leur verdict. Vilate est convaincu d'avoir été « complice des manœuvres et complots tendant à favoriser les projets liberticides des ennemis du peuple et de la République, à provoquer la dissolution de la représentation nationale et le renversement du régime républicain, à exciter l'armement des citoyens les uns contre les autres, notamment en faisant périr, sous la forme déguisée d'un jugement, une foule innombrable de Français de tout âge et de tout sexe ». — De plus, il est convaincu « d'avoir agi avec de mauvaises intentions ». Deux voix seulement se sont prononcées en sa faveur, pour la négative, sur la question intentionnelle.

Avec Fouquier-Tinville, avec Foucault, Sellier, Garnier-Launay, Dix-Août, Renaudin, Prieur, Châtelet, Girard, Boyaval, Benoît, Lanne, Verney, Dupaumier, Herman, il est condamné à mort.

En entendant sa condamnation, ce petit-maître, cet admirateur passionné de Salluste et de Tacite, ce néo-Romain qui a cru vivre au temps des Brutus et des Publicola, dans l'antique Capitole, perd toute tenue. Il s'emporte. Le sage *Moniteur*, journal officiel, devenu réactionnaire et thermidorien dès la chute de Robespierre, le traitera « d'énergumène, gonflé de vanité autant que de colère [1] ».

Joachim Vilate a un mot impertinent à l'adresse de Fouquier-Tinville :

« Il est bien inconcevable qu'on soit assez injuste pour me confondre avec un individu tel qu'un Fouquier. »

Mais Fouquier ne paraît pas sensible à cet outrage. Le président continue sa lecture, au milieu des cris que poussent les condamnés lorsqu'ils s'entendent nommer. Scellier, ancien juge et ancien président du Tribunal de la Terreur, Scellier, maladif et rageur, traite de menteurs les jurés qui l'ont déclaré coupable. Et, comme un gendarme veut lui ôter son chapeau, il le lance par la fenêtre. Foucault et Garnier-Launay crient : « Vive la République! » L'ex-président Herman jette un livre à la tête de Liger de Verdigny, qui préside le nouveau Tribunal.

Le *Moniteur* affirme que cette scène fut « hideuse ».

Le lendemain matin [2], une foule immense

[1] *Moniteur*, n° du 21 floréal an III.
[2] 18 floréal an III (7 mai 1794).

s'amassait sur la place de Grève, autour de l'échafaud, dressé dans la radieuse lumière de floréal. — Innombrable, grouillante, bien disciplinée d'ailleurs, comme toutes les fois qu'il s'agit d'un spectacle en perspective, cette foule arrivait de toutes les rues et s'écrasait « pour voir ». Gouailleuse, elle se divertissait. Dans les groupes, on n'entendait que ces mots : « Il ne l'a pas volé ! On lui a laissé tout le temps et les moyens de se défendre. » *Lui*, c'était Fouquier-Tinville, l'ancien accusateur public. On allait se régaler. Une voix cria : « Vive la Justice ! » Mille voix répétèrent ce cri.

Les croisées étaient bondées « de curieux et de curieuses ». La foule riait et s'impatientait. Onze heures allaient sonner.

Tout à coup, les charrettes parurent au tournant du quai. Elles étaient trois. Fouquier était sur la troisième. Des huées immenses retentirent. Le peuple criait : « On va t'ôter la parole... Dans deux minutes tu seras hors des débats... Ta conscience est-elle assez éclairée?.. Le peuple va faire feu de file à son tour... Va rejoindre tes victimes, scélérat!... Rends-moi mon père!... Rends-moi ma famille !... Rends-moi mon frère!... Rends-moi mon ami, ma femme, ma sœur, mon épouse, ma mère, mes enfants[1]. »

Les charrettes avançaient lentement. Elles s'arrêtèrent devant l'échafaud. Les seize condamnés en descendirent. La foule les vit, l'un après l'autre, surgir, apparaître un instant et basculer. Le lourd triangle luisant et sanglant s'activait, tombait, montait et retombait, hachant les nuques livides.

Fouquier-Tinville fut exécuté le dernier. Le peuple voulut voir sa tête. Le bourreau la saisit aux cheveux et la lui montra. Des applaudissements éclatèrent.

L'élégant Vilate avait précédé dans la mort son terrible chef de file. — Il n'était âgé que de vingt-six ans.

[1] *Messager du soir*, du 19 floréal.

LE CITOYEN TRINCHARD

« HOMME DE LA NATURE »

LE CITOYEN TRINCHARD

« HOMME DE LA NATURE »

CHAPITRE PREMIER

Un homme « pur », un homme « de la nature. » — Lettre de
Montpellier. — Le menuisier Trinchard nommé juré au
Tribunal révolutionnaire. — Lettre d'un canonnier. — Un
solide. — Les affaires prospèrent. — Trinchard épouse une
jeune et jolie femme. — Il condamne à mort Marie-Antoinette. — Sa lettre à son frère pour lui annoncer qu'il a
jugé « la bête féroche. » — La « clique brissotine » expé-
diée à l'échafaud par Trinchard. — Il envoie à la mort
Philippe Égalité.

Quand Judicis, accusateur public du Tribunal
révolutionnaire renouvelé, demandait, le 4 germinal an III, aux jurés de l'ancien Tribunal —
celui de la Terreur — s'ils croyaient avoir
rempli le devoir que leur imposait leur serment,
eux qui « sans savoir ni lire ni écrire » avaient
« accepté les places importantes de jurés », il

s'adressait sans doute, en particulier, au limonadier Chrétien, au perruquier Ganney, au tailleur Trey, au menuisier Trinchard.

François Trinchard s'est défini lui-même. « Un juré révolutionnaire n'est pas un juré ordinaire ; nous n'étions pas des hommes de loi, nous étions de bons sans-culottes, des hommes purs, des hommes de la nature. »

Il était né à Montpellier. C'était un solide garçon de trente-trois ans, qui, après avoir servi comme dragon au régiment de Bourbon et dans la garde nationale, à Paris, depuis la Révolution jusqu'au 31 décembre 1791, s'était établi menuisier, dans un bon quartier, près du Louvre et du Palais de Justice, rue Thibault-aux-Dés, section du Muséum.

En 1792, nous le trouvons installé dans sa boutique de menuisier. Il « fait tout ce qui concerne la menuiserie en meubles et en bâtiments ». Il semble bien que, s'il jouit d'une santé robuste, ses affaires n'aillent guère. La gêne et les embarras financiers l'obligent à s'adresser à sa mère. Il lui demande de l'argent. La réponse se fait attendre. De Montpellier, la bonne dame lui mande, enfin, que, si elle n'a pas répondu à sa lettre, c'est qu'elle était hors d'état de lui envoyer ce qu'il demandait. Elle « gagne de fort petits gages » et a bien de la peine « à lier les deux bouts ». Il a un bon métier. Qu'il soit sage et, avec le secours de Dieu, il se tirera d'affaire.

Au surplus, voici la lettre de la veuve Trinchard.

« A Monsieur, Monsieur Trinchard, menuisier rue Thibaudodé, n° 8. Fait tout ce qui concerne la menuiserie en meubles et en bâtiment. A Paris.

A Montpellier, ce 11 septembre 1792 l'an 4ᵉ *(sic)* de la Liberté, le 1ᵉʳ de l'Égalité.

« **Ducros** m'a remis votre lettre dans laquelle j'ai vu que vous jouissiez d'une parfaite santé. A l'égard de la mienne, elle va assez bien à présent, mais j'ai été malade tout l'hiver de mes coliques. Si je n'ai pas répondu à votre dernière lettre, c'est que j'étais hors d'état de **vous** envoyer ce que vous me demandiez. Je suis comme vous scavez d'un certain âge et je gagne de fort petits gages. J'ai peine à lier les deux bouts. Vous avez un bon métier, soyez **sage** et, avec le secours de Dieu, vous vous tirerez d'affaire. Exortez votre frère à être sage.

Votre sœur vient d'accoucher depuis peu d'un garçon et elle vous fait ses amitiés ainsi que toute la famille. Je suis toujours votre bonne mère.

« Veuve TRINCHARD[1]. »

Ce fut Lescot-Fleuriot, premier substitut de l'accusateur public Fouquier-Tinville qui, ayant pris Trinchard en amitié, le tira d'affaire. Lescot avait, lui-même, connu des heures difficiles. Cet homme de quarante-deux ans, né en Belgique de parents français, était employé dans les bureaux de l'architecte Paillette et sculptait des bustes médiocres quand il se fit remarquer par son ardeur à défendre, dans les émeutes, les principes des montagnards. La Convention le nomma substitut au Tribunal révolutionnaire. Il était membre de la Commune du 10 août, électeur dans la même section que Trinchard, celle du Louvre. Il le fit nommé juré au Tribunal.

La « place » était bonne. Pour stimuler le zèle des citoyens appelés aux fonctions de jurés, un décret du 2 juillet précédent avait établi

[1] Archives nationales. W. 500. pièce 150.

qu'ils recevraient une indemnité de 18 livres
par jour. La marmite de Trinchard allait bouillir.

Son frère, canonnier en garnison à Granville,
l'en félicita chaudement. Voici sa lettre.

*Au citoyen Trinchard, menuisier, rue Thibautodé,
numéro 8, à Paris.*

Granville, ce 29 août 1793, l'an 2° de la république
une et indivisible.

« Je m'enpresse de te répondre par le même
courier. Nous sommes toujours assé tranquille
dans notre garnison et on ne nous parle pas
d'aller dans la Vandée. Tu me dit que tu est
dans le juré, j'en suis contant, c'est un patriote
de plus en place. Quand Custine sera jugé
marque moi le, je t'en prie, car nous ne voyons
aucunes nouvelles de Paris. Le payis où nous
sommes est aristocrate et nous les mentenons
en respect. Tu me demande quel est le prix des
peaux de chien de mer ; elles coûtent 1 livre et
elles sont passables. Si tu en veux, tu me le
marqueras. Quant aux offres que tu ma fait je
les accepterai avec plaisir, car tu dois bien penser
que depuis quatre mois j'ai bien dépensé le peu
que j'avois ; je ne n'osois pas t'en demander,
mais puisque tu m'en fais l'offre, tu me feras

plaisir de m'en envoyer un peu. Je n'ai rien autre chose à te marquer de nouveau.

« Adieu, mon cher frère, porte toi bien et me crois toujours avec la plus sincère amitié.

« Ton frère TRINCHARD, vrais républicain [1]. »

On vit alors l'ancien dragon, prenant à cœur sa situation nouvelle, passer les journées au Palais de Justice, dans l'ombre de Fouquier-Tinville et de Lescot-Fleuriot. Il fut tel que ces compatriotes de Périclès, raillés par Aristophane qui, tout le jour, étaient « perchés sur les procès, comme les cigales sur les buissons ». Comme les citoyens d'Athènes empressés à rendre la justice depuis qu'ils étaient gratifiés du *triobole* rémunérateur de leur magistrature volontaire, Trinchard, depuis que les fonctions de juré de la République valaient quotidiennement dix-huit livres, estimait qu'elles méritaient toute son activité.

Parmi les jurés du tribunal de la Terreur qu'on nomma les *solides*, il se montra l'un des

[1] Archives nationales, carton W. 500, p. 151. J'ai respecté scrupuleusement l'orthographe de Trinchard et celle des autres sans-culottes, ses amis, en reproduisant leurs lettres.

plus solides. Lui-même s'en vantait plus tard, lorsqu'il comparut, à son tour, devant le tribunal réorganisé par les Thermidoriens.

« Si l'on regarde comme solides ceux qui ont servi la patrie, déclare-t-il, je suis solide et je dois être regardé comme coupable. »

Sa nouvelle situation lui a permis de louer une boutique plus grande. Il s'est marié. Il a quitté la rue Thibault-aux-Dés et s'est établi rue de la Monnaie, n° 19. Sa femme est jeune et jolie. L'avenir lui sourit.

Qu'eût pensé la veuve Trinchard si, dans la nuit du 15 au 16 octobre 1793, elle avait pu voir son fils François assis au banc des jurés, dans l'ancienne Grand'Chambre du Parlement de Paris, jugeant Marie-Antoinette d'Autriche, veuve du ci-devant roi de France, Louis XVI. Lui, tout yeux et tout oreilles, écoutait avec une attention sérieuse les paroles d'Herman, président du tribunal.

« Citoyens jurés,

« Le peuple français, par l'organe de l'accusateur public, a accusé devant le jury national

Marie-Antoinette d'Autriche, veuve de Louis Capet, d'avoir été la complice ou plutôt l'instigatrice de la plupart des crimes dont s'est rendu coupable ce dernier tyran de la France, d'avoir eu elle-même des intelligences avec les puissances étrangères, notamment avec le roi de Bohême et de Hongrie, son frère, avec les ci-devant princes français émigrés, avec des généraux perfides; d'avoir fourni à ces ennemis de la République des secours en argent et d'avoir conspiré avec eux contre la sûreté intérieure et extérieure de l'État. Un grand exemple est donné en ce jour à l'Univers, et sans doute il ne sera pas perdu pour les peuples qui l'habitent : la Nature et la Raison, si longtemps outragées, sont enfin satisfaites. L'Égalité triomphe !... »

Trinchard ne perd pas un mot de ce discours. Il en grave dans sa mémoire la péroraison :

« C'est le peuple français qui accuse Antoinette; tous les événements politiques qui ont eu lieu depuis cinq années déposent contre elle. »

Quatre questions sont posées au jury.

1° « Est-il constant qu'il ait existé des manœuvres et intelligences avec les puissances

étrangères et autres ennemis extérieurs de la
République, les dites manœuvres et intelligences tendant à leur fournir des secours en
argent et à leur donner l'entrée du territoire
français et à y faciliter les progrès de leurs
armes?

2° « Marie-Antoinette d'Autriche, veuve de
Louis Capet, est-elle convaincue d'avoir coopéré
à ces manœuvres et d'avoir entretenu ces intelligences ?

3° « Est-il constant qu'il a existé un complot
et conspiration tendant à allumer la guerre
civile dans l'intérieur de la République?

4° « Marie-Antoinette d'Autriche, veuve de
Louis Capet est-elle convaincue d'avoir participé
à ce complot et conspiration ? »

Trinchard quitte alors l'audience avec les
treize autres jurés. Ils s'enferment dans leur
salle de délibérations. Il y a là le ci-devant marquis Antonelle, le luthier Renaudin, le chirurgien Souberbielle, Chrétien, le cafetier de la rue
Favart, Besnier, ex-commissaire-priseur, le perruquier Ganney, l'imprimeur Nicolas, l'ancien
musicien des bals de barrière Lumière, le sabo-
tier Desboisseaux, le chapelier Baron, le char-

pentier Devèze, Fiévé et Thoumise, ex-procureur syndic de la Mayenne.

La nuit est très avancée. Il fait froid. Trinchard pense que tout à l'heure il va retrouver dans son tiède logis de la rue de la Monnaie, sa jolie épouse qui l'attend. La délibération se prolonge. A quoi bon ? ne sont-ils pas tous convaincus, vraiment?

Au bout d'une heure, ils rentrent à l'audience et leur déclaration est affirmative sur les quatre questions qui leur ont été soumises.

Herman, le président, dit quelques mots au peuple :

« Si ce n'étaient pas des hommes libres et qui, par conséquent, sentent toute la dignité de leur être qui remplissent l'auditoire, je devrais peut-être leur rappeler qu'au moment où la justice nationale va prononcer, la Loi, la Raison, la Moralité leur commandent le plus grand calme, que la Loi leur défend tout signe d'approbation et qu'une personne, de quelques crimes qu'elle soit couverte, une fois atteinte par la Loi, n'appartient plus qu'au malheur et à l'humanité. »

L'accusée est ramenée à l'audience. Le prési-

dent lui donne lecture de la délibération du jury.
Fouquier-Tinville prend ses conclusions pour
l'application de la loi ; il requiert la peine de
mort. Le président demande à Marie-Antoinette
si elle a quelques observations à faire sur l'application
des lois invoquées par l'accusateur public.
Elle secoue la tête en signe de négative. Même
interpellation est faite à ses défenseurs, Chauveau-Lagarde
et Tronson-Ducoudray. Celui-ci
prend la parole et dit : « Citoyen président, la
déclaration du jury étant précise et la loi formelle
à cet égard, j'annonce que mon ministère
à l'égard de la veuve Capet est terminé. »
Le président recueille les opinions des juges et
prononce la peine de mort. Il est quatre heures
et demie du matin.

Trinchard, écrivant à son frère le canonnier,
s'empressera de lui annoncer le rôle qu'il a joué
au procès de la reine et dont il est très fier.

« Je t'aprans mon frerre que jé été un des
jurés qui on jugé la bête féroche qui a dévoré
une grende partie de la république, celle que
l'on califioit si deven de raine et je t'aprans
que nous sommes après à juger la clique brisso-

tine[1]. Ils sont 21. Je t'aprans que jé déménag[é]. Je reste dan la rue de la Monnoie. Tu voudras bien me faire savoir comme est l'esprit public den ta garnisout. Pour ici nous avons mis au pas les modérés et enfermé les aristocrates[2]. »

La bête « féroche »! Il s'acharne sur tant de souffrances morales et physiques supportées avec une grande dignité depuis d'interminables mois. Il n'a eu pitié ni de ces cheveux d'une femme de trente-huit ans, tout blancs sous son bonnet de veuve, ni de cette figure exsangue figée par la douleur, ni de ces mains amaigries, aux doigts fébriles, courant sur la barre du fauteuil, pendant qu'on l'interrogeait. Il est de ceux qui ont trouvé mauvais le geste de l'officier de gendarmerie de Busne ayant le courage d'offrir un verre d'eau à Marie-Antoinette lorsque, épuisée par les émotions, par sa défense, par ses pertes de sang, elle s'était plainte de la soif. Pour lui, François Trinchard, elle était « la bête féroche », celle qu'on « qualifiait ci-devant de reine ».

[1] Les Girondins.
[2] Archives nationales. W. 500. p. 155.

La satisfaction de Trinchard est de même qualité que celle d'Hébert. Le « Père Duchesne » éprouve la « plus grande joie de toutes les joies après avoir vu de ses propres yeux la tête du *Veto* famille séparée de son f..... col de grue ». Il donne de grands détails « sur l'interrogatoire et le jugement de la Louve autrichienne » ; il exhale « sa grande colère contre les avocats du diable qui ont osé plaider de cette guenon ». « Je voudrais f..... pouvoir vous exprimer la satisfaction des sans-culottes quand l'archi-tigresse a traversé Paris dans la voiture à trente-six portières (la charrette). Les beaux chevaux blancs si bien panachés, si bien enharnachés ne la conduisaient pas ; mais deux rossinantes étaient attelées vis-à-vis de maître Samson, et elles paraissaient si satisfaites de contribuer à la délivrance de la République qu'elles semblaient avoir envie de galoper pour arriver plutôt (*sic*) au lieu fatal. La g..... au surplus a été audacieuse et insolente jusqu'au bout. Cependant les jambes lui ont manqué au moment de faire la bascule pour jouer à la main chaude, dans la crainte de trouver après sa mort un supplice plus terrible que celui qu'elle allait subir. Sa tête maudite fut enfin séparée de son col de grue, et l'air retentissait de cris de : *Vive la République f.....[1].* »

Trinchard se flattait de mener rondement la « clique brissotine ».

Quand Brissot et les autres députés de la Gironde comparurent au Tribunal, le 3 brumaire (23 octobre 1794), il les attendait avec impatience. Les débats durèrent jusqu'au 9. Le 8, sur la proposition de Robespierre, la Convention décréta qu'après trois jours de débats, le président du Tribunal serait désormais autorisé à demander aux jurés si leur conscience était assez éclairée; sur une réponse négative le procès devait continuer jusqu'au moment où le jury se déclarerait en état de prononcer. L'Assemblée avait, ensuite, voté une motion de Billaud-Varennes donnant au Tribunal le nom de *Tribunal révolutionnaire.*

Le 9, dès l'ouverture des débats, Hermann lut, à haute voix, les décrets de la veille. Il demanda au chef des jurés, ci-devant marquis Antonelle, si la conviction du jury était acquise.

[1] Le Père Duchesne, n° 299.

Antonelle déclara que non. Les débats continuèrent. A trois heures, suspension d'audience, jusqu'à cinq. L'audience reprise, les jurés se déclarèrent « suffisamment instruits ». Les débats furent clos. On passa au jugement sans entendre ni l'accusateur public dans son résumé, ni les accusés, ni les défenseurs « dans leur défense générale ». Le président, lui non plus, ne fit pas de résumé de l'affaire. Suivant en cela l'avis du Tribunal, il rédigea la série des questions de fait sur lesquelles les jurés allaient avoir à se prononcer. Il les leur remit dans l'ordre où ils devaient en délibérer ; il leur remit encore l'acte d'accusation, les procès-verbaux, les autres pièces. Les accusés, à leur tour, firent passer aux jurés les pièces et les titres favorables à leur défense[1].

A sept heures du soir, les jurés se retirèrent dans leur chambre de délibérations. Ils n'en sortirent qu'à dix heures et demie. Leur conscience était suffisamment éclairée. La robuste conviction de Trinchard éclata dans le *oui* avec lequel il affirmait la culpabilité des Girondins,

---

[1] Tous ces documents forment aujourd'hui cinq épais dossiers conservés aux Archives nationales.

de la « clique brissotine ». Un autre juré, Brochet, qui avait été domestique, fit un petit discours assez violent où il parla des « manœuvres ténébreuses » tentées « par les serpents venimeux que le peuple réchauffait dans son sein ». Mais « l'œil vigilant des patriotes » avait suivi ces reptiles « dans leurs repaires nocturnes et criminels ». Bientôt, il fallait l'espérer, leurs complices paraîtraient à leur tour devant le jury. Antonelle, lui, était pâle, les traits altérés, presque aussi malade que Camille Desmoulins. Nous n'insisterons pas sur cette scène que nous avons décrite dans notre étude sur Vilate, d'après le récit saisissant qu'il a laissé dans les *Mystères de la mère de Dieu dévoilés*.

Huit jours après (le 6 novembre), Trinchard jugeait et expédiait à l'échafaud le duc d'Orléans, Louis-Philippe-Joseph *Égalité*.

CHAPITRE II

Un homme heureux, c'était le menuisier
Trinchard, lorsqu'ayant quitté de bon matin la
rue de la Monnaie, traversé le Pont-Neuf,
suivi le quai des Morfondus et celui de l'Horloge, il entrait au Palais de Justice, dans cette
enceinte redoutable qu'avaient fréquentée avant
lui tant de « messieurs » ci-devant conseillers
ou présidents du Parlement de Paris.

L'audience n'était pas encore ouverte. Il
venait aux nouvelles, rencontrait des amis,
jurés comme lui : le vinaigrier Gravier, Chrétien.
le limonadier de la rue Favart. Lumière, un

voisin, ancien musicien de bals de barrière, que protégeait Lescot-Fleuriot et qui habitait comme Trinchard la section du Louvre.

On causait. On s'efforçait d'avoir « l'esprit à la hauteur de la Révolution ». On allait à la buvette. Sobre, le menuisier ne prenait que du chocolat ou du café que lui servaient les buvetiers, le père et la mère Morizan et leur fille[1]. On n'y rencontrait pas Fouquier-Tinville. On savait que l'accusateur public préférait y venir seul. Mais on le retrouvait dans son cabinet ou dans les couloirs, actif, redoutable et familier. Levé dès l'aube, il était content de revoir ses *solides*, ses bons jurés. Eux, considéraient avec déférence cet homme noir, robuste, au menton volontaire qui avait, dans toute sa personne, quelque chose de malchanceux, mais chez lequel ils sentaient obscurément une humanité forte, violente, âpre à la réussite. Sur eux il exerçait une sorte de fascination. Ils étaient ses hommes. Ils l'aimaient autant que les gens du greffe le détestaient. Ils admiraient sa terrible puissance de travail. Illettrés, ils étaient éblouis par son éloquence juridique d'ancien procureur.

[1] *Buchez et Roux*, t. XXV, p. 19. Déposition de la femme Morizan.

Trinchard, dans l'enceinte du Tribunal, était à
son affaire. Même, s'il n'avait pas été requis,
il attendait, dans l'espoir de siéger, le moment
où Fouquier donnerait les noms de trois ou
quatre jurés pris dans une autre colonne que
celle des jurés convoqués. Dix-Août, Brochet,
Prieur, Châtelet et Girard étaient souvent du
nombre, avec lui[1]. Il serait fastidieux pour le
lecteur d'énumérer et d'exposer, comme je l'ai
fait pour Vilate, toutes les affaires où il a siégé.
Elles sont trop.

Une fraternité pleine d'espérances l'unit aux
amis qu'il a laissés à Montpellier. Ce sont de
vrais sans-culottes, comme lui, de « bons bou-
gres », comme les aime le Père Duchêne, des
gars « qui ne s'amusent pas à la moutarde »,
qui n'ont pas peur et qui s'appellent Ploton,
Boudon et Vignon.

Boudon, le 16 ventôse, lui écrit pour le
tenir au courant des progrès faits à Montpellier
par « l'esprit révolutionnaire ». Il lui narre
quelques faits. Et, comme il sait Trinchard fort

[1] *Buchez et Roux*, t. XXXV, p. 13. Déposition de Tavernier,
huissier du tribunal.

amoureux de sa jeune femme, il lui donne des conseils pleins de prudence. Voici sa lettre :

Au citoyen Trinchard, juré au Tribunal révolutionnaire, rue de la Monnoie, Paris.

Montpellier, le 16 ventôse, l'an 2ᵉ de la
République française une et indivisible.

« Boudon à son ami Trinchard,

« Nous sommes arrivé à Montpellier le 13 à quatre heures du matin, en bonne santé. Le même jour le Comité de surveillance fit une superbe calpture. Un prêtre réfractaire se permetté de dire la messe dans un grenier; comme c'étoit le jour de cendres, vieux stille, on le trouva dans ces fonctions avec dis dévotes qui recevoit les cendres ; il fut promené dans les rues de la citté, dans le costume sacerdotal, avec les dévotes. Après avoir examiné la Loy, le Comité de surveillance le fit conduire au tribunal criminel. Il fut condamné le même jour à trois heures sur la place de la Révolution où le glaive de la loi tomba sur luy. Il fut guilhotiné avec le même costume qu'on le trouva en disant sa messe. Les dis dévotes assitaient à cette exécution au pied de l'échafaud; les habits sacerdotal furent brûlés et les dévotes furent reconduite en prison pour leur faire leur procès.

« Aujourd'huy, de Cette l'on emmené un autre que je crois qu'il sera guilhotiné aussy parce qu'il est dans la Loy.

« L'Esprit est à la auteur de la Révolution. L'on a renfermé tous les intrigans et les gens suspects. J'ay parlé de toi à Vignon qu'il reçut de toy la nouvelle que je luy donné avec le plus grand plaisir possible. Il doit t'écrire. Avignon l'imprimeur qui étoit à Marseille a reçu le même plaisir. Il doit t'écrire. Depuis que Boisset est party, tout va et ça ira. Adieu.

« Des compliments à ton épouze. Ménage sa santé. Ne soit pas si voluptueux que tu as été. Ménage ce temple de Vénus, déesse de l'amour. Dy luy que je suis au désespoir de n'avoir pas peut me procurer le plaisir de la voir. Embrasse la pour moy.

« Fait moy réponse. Voit Aigouen le plus souvent que tu pourras et tout les amis. Tâche avec Aigouen de me rappeler auprès de vous autres s'il est possible.

« Sy tôt que j'aurai reçeu ta réponce, je t'écrirai sous l'adresse de Joubert représentant du peuple et tu poura luy remettre ta lettre qu'il me faira partir pour la Convention. Comme cela nous correspondrons à cet adresse rue de la Croix-d'Or n° 326 et tu poura m'envoyer tout ce qu'il y aura de nouveau[1]. »

Il n'est pas sans intérêt d'opposer aux termes de cette lettre de l'ami Boudon, ceux de la lettre écrite par la citoyenne Françoise Séré, au comité d'épuration et d'examen de la Société populaire et républicaine, séance du **Muséum**, pour dénoncer Trinchard, le 6 ventôse an II.

« Citoyens,

« Je voudrais bien que vous interrogiés Trinchard, pourquoi il s'étoit mis garçon boulanger à Lyon, qu'il a été un mois ou 5 semaines dans la dite boulangerie, sans en sortir ; de là, il est entré dans un couvent de Chartreux et pourquoi il a adopté le chapelet de Saint-François et lui demander pourquoi il est sorti du couvent des Chartreux pour se mettre dans le régiment ci-devant Bourbon ; pourquoi il a déserté dudit régiment Bourbon et il avoit pris un faux nom de

[1] Archives nationales, carton W. 500, pièce 141.

François Mallet et il est revenu ici à Paris sous
un faux nom dans la compagnie à Croizar, au
Marché-Neuf toujours sous le faux nom de
François Mallet. Citoyens, comme vous voyez que
Trinchard se dit zélé républicain, il ne l'est point.
Tout (*sic*) homme qui a toujours fait monter
sa garde et qui s'en est allé quand le ci-devant roi
étoit ici, il étoit dans la rue Saint-Germain-l'Au-
xerrois. Il n'a pris les armes ni à son arrivée ici,
ni à son départ. Citoyens, Trinchard vouloit soutenir la cause disant qu'il avoit pris les armes le
30 mai et qu'il étoit couché dans son lit à huit
heures du soir. Citoyens, comme vous voyez que
Trinchard a toujours trompé votre confiance et
qu'il cherchoit une place pour lui et que sa femme
vous avait toujours prévenus qu'il n'étoit pas
patriote, Citoyens, quand vous voyez que vous
mettez les drapeaux de la nation en ses mains,
il vouloit faire un assassin de sa femme
(*sic*) à qui il a ouvert la tête avec son sabre et
qu'elle est restée baignée dans son sang. C'est
donc là un républicain que vous appellez toujours dans votre sein. Citoyens, un homme qui
crie toujours après les vendeurs d'argent, il
a lui-même ôté un louis à sa femme pour le

vendre [1] étant bien fâché de n'avoir point d'argent pour faire du commerce et comme sa femme avoit acheté sa chambre en argent, il en étoit bien fâché parce qu'il disoit que cela auroit fait un bon commencement. Citoyens, vous voyez que ce n'est pas la justice que je demande mais la raison d'une vraie républicaine. Citoyens! vous demanderez à Trinchard pourquoi, dans 4 endroits différents des autres, il avoit les doigts longs. Je vous prie de lui demander audit Trinchard où il a acheté le fer pour faire un sergent [1] un (*sic*) de 4 pieds et un de 5 pieds. — En sus, dans la rue Dauphine, en travaillant chez un bourgeois, il a enlevé un morceau de bois d'Inde du poids de 60 livres. Voilà donc, citoyens, la femme qui vous a toujours tant avertie que Trinchard étoit un homme faux placé aux nombre des jurés et qui est peut-être aussi criminel que les malheureux qu'il juge. — Pour copie conforme comme membre du Comité : Pouvarel. »

Cette dénonciation n'eut pas d'effet, — à ce

[1] Barre de fer ou de bois, recourbée en crochet et qui sert à tenir serrées les pièces de bois qu'on a collées et celles qu'on veut cheviller.

moment-là, du moins. Le comité d'épuration de la section du Muséum estima qu'il valait mieux laisser dormir dans les cartons cette lettre d'une commère, jalouse peut-être — ou trop zélée républicaine. L'influence de Trinchard, dans sa section, était d'ailleurs considérable. La société des Jacobins venait de l'admettre, le 18 pluviôse précédent (6 février) en même temps que Coffinhal, un des juges du Tribunal révolutionnaire.

Il était très absorbé par ses fonctions de juré et par celles de membre du club des Jacobins. Il s'appliquait, de son mieux, à comprendre les mystères de la politique révolutionnaire, à être « à la hauteur » des événements. Car, ce n'est plus une « bête féroce » comme Marie-Antoinette, ce ne sont plus des « reptiles » comme les Girondins qu'il va falloir traduire au Tribunal révolutionnaire ; c'est Hébert lui-même, le Père Duchêne, qui, le 14 ventôse, au club des Cordeliers, a dénoncé avec sa virulence habituelle, la politique de Robespierre, réclamé la tête des 73 Girondins encore détenus, attaqué le ministre de l'Intérieur Paré et le ministre des Affaires étrangères Deforgues qu'il a traité de « ministre étranger aux affaires ». Hébert a stigmatisé la faction qui, en refusant à la guillotine les 73, voulait anéantir les droits du peuple. Il n'y avait d'après lui, qu'un moyen de la réduire, c'était l'*insurrection*. Et, bien qu'il se fût rétracté aux Jacobins le 22 ventôse, il avait été arrêté dans la nuit du 23 au 24.

Le 25, Ploton écrivait à Trinchard :

Au citoyen Trinchard, juré au Tribunal révolutionnaire à Paris.

Montpellier, le 25ᵉ ventose l'an IIᵉ de la République française.

« Cher Trinchard,

« Si je ne t'ai pas écrit à mon arrivée comme je te l'avais promis c'è que j'ai été chargée par l'administration du détruit d'aller organiser des comités de surveillance révolutionnaire et je suis persuadé que j'ai fait de la besogne. Partout où j'ai passé, j'aie électrisé les âmes tièdes mais bien intentionnés. Et, par mes discours, j'ai jetté l'épouvante et la terreur dans l'âme des aristocrates. J'espère de recueillir pour la patrie des fruits précieux de mon voyage.

« Les vrais patriotes sont au pas et, même, il y
en a qui sont à la hauteur. Mais ils n'ont pas
cette énergie mâle que doit avoir tout homme
qui est dévoué à la chause publique. Le règne
des considérations n'est pas détruit surtout dans
une ville où tout le monde se connois. Et, pour
servir efficassement contre ceux qui ont voulut
nous perdre il faut avoir des pièces et le répu-
blicanisme de Brutus.

« Cependant notre Comité de surveillance
vous prépare du travail. Je suis comptens de
ses opérations.

« Fait moi le plaisir de me dire ce que tu pence
du discours d'Hébert aux Cordeliers. Explique-
moi quesque c'est que cette insurrection qu'il
propose. Contre qui est-elle dirigée? Car enfin
s'il est vrai qu'il existe quelque complot qui
pourroient devenir funeste à la chose publique
et que quelqu'une de ses ramifications s'étandit
jusqu'ici, que nous soyons au moins en mesure
pour le déjouer quoiqu'il sera très difficile de
nous entraîner, comme le firent les Brissot, etc.

« La société populaire est bien intentionné;
mais elle ne renferme pas toutes les lumierres
qu'elle devroient avoir. Cependant, lorsqu'elle

a une oppinion, il est difficille de l'en détourner. Je te prie de me faire passer tous les imprimés patriotes que tu pourras te procurer, surtout ceux qui peuvent le plus fixer l'oppinion en Révolution.

« Notre tribunal criminel a pris un peut d'énergie. Il a envoyé deux prêtres contre-révolutionnaires à l'échafaud. Le premier a été pris les armes à la main, c'est-à-dire distribuant des cendres à 8 ou 10 dévottes. Elles l'ont accompagné à l'échafaud. Les recelleuses seront punies conformément aux loix de la République. Ces divers exemples de justice ont été aplaudis par le peuple. Il voit, mais trop tard, qu'il étoient de toute nécessité qu'il se débarrassa de toute cette engense sacerdotale qui n'agissoient que pour elle et non pour ceux qui la nourrissoient, pourqu'elle n'a eu que des antrailles de bronze.

« En agréant mes amitiés, je te prie de les faire agréer à ta chère épouse. Je vous embrasse tous les deux.

« PLOTON. *Au district*.

« Je te prie de dire bien des chauses à nos amis Chaube, Joubert, Aigoin. etc.

« Je dois te dire que notre société a été satis-
faite du rapport que je lui ai fait touchant la
Convention, le Tribunal révolutionnaire, les
Jacobins, enfin le bon esprit qui règne dans
Paris [1]. »

Et, dès le 2 germinal, il recevait une nouvelle
lettre de Ploton :

A Montpellier, le 2 germinal an II de la République
française impérissable comme le mond'.

« A Trinchard,

« Mort aux traitres, mort aux ambitieux! Un
million de supplices à ce monstre qui se nomme
le père Duchêne ! que la foudre du peuple les
écrase tous : que la terre sainte de la liberté ne
soit plus souilliée ; qu'elle soit purifiée de ces
vipaires altérées du sang par des vrais amis de
la République ! Qu'elle s'ouvre sous les pas criminels de tous les traitres, de tous les intrigants
de tous les jean-foutres qui rèvent Roy ou esclavage ou régence ! Frappés, vengeurs du peuple !
Vous, jurés, qui le vengés tous les jours de tant
d'outrages, de tant de déchirement. Redoublés
de sévérité ! Soyés inflexibles envers les ambi-

[1] Archives nationales, carton W. 500, pièce 149.

tieux ! Enfin, soyés les Brutus des Français.

« Vive la République ! Vive la Convention ! Vive à jamais le Comité de Salut public et le Tribunal révolutionnaire !

« Je t'embrasse ainsi que ta femme.

« PLOTON.

« Mille amitiés à Aigoin, Chaube et Joubert., etc.

« Gervais et Chauvet, commissaire de notre société, te remettront ma lettre. Si tu peux leur être utiles, fait pour eux comme tu feroient pour moi. Il vont demander des subsistances pour notre département qui est à la veille d'en manquer. Au reste, l'esprit public est au grand pas dans notre ville. Plusieurs prêtres contre-révolutionnaires et un échappé de la Vendée qui crioient hier : « Vive Louis XVII ! » on reçu l'application de la loi ; les gens suspects nobles et fédéralistes sont en lieu de sureté ; nous faissons tout pour tenir la Terreur à l'ordre du jour. Adieu, je suis ton ami.

« PLOTON [1]. »

[1] Archives nationales. W. 500, pièce 145.

Hébert, arrêté, comme nous l'avons vu, dans la nuit du 23 au 24 ventôse, avait, en effet, comparu devant le Tribunal révolutionnaire, le 1ᵉʳ germinal ; Trinchard était au nombre des jurés, avec Leroy surnommé Dix-Août, Gravier, Didier, Ganney, Desboisseaux, Laporte, Fauvetty, Renaudin, Topino-Lebrun, Lumière et Benoît Trey.

Avec Hébert, dix-neufs accusés : 1° Ronsin, homme de lettres, devenu adjudant-général de l'armée révolutionnaire et terreur des Parisiens. C'est lui qui, la nuit, visitait les prisons, en grand uniforme, une houppe rouge à son chapeau, buvait avec les geôliers, terrifiait les détenus par ses cris ; il avait quarante-deux ans ; 2° Momoro, imprimeur, devenu membre du département de Paris et commissaire du pouvoir exécutif dans les départements de l'Eure, Seine-et-Oise. Seine et Calvados ; 3° Vincent, que Philippeaux avait appelé un « hardi petit coquin », Vincent, ancien clerc de procureur, puis membre du Comité de la section ci-devant du Théâtre-Français, électeur, membre de la Commune du 10 août, commissaire du pouvoir exécutif, employé au ministère de la Guerre sous Pache, enfin secrétaire général de la Guerre. On le voyait, avant son arrestation, caracoler sur les boulevards, monté sur de très beaux chevaux. Il avait vingt-sept ans ; 4° Laumur, général de brigade ; 5° Conrad Kock[1], banquier hollandais ; 6° Proly, rédacteur du *Cosmopolite* ; 7° Desfieux marchand de vins de Bordeaux ; 8° Anacharsis Clootz, trente-huit ans, né en Belgique, homme de lettres et membre de la Convention ; 9° Péréira, vice-président de la section du Bon Conseil ; 10° la femme Quetineau : 11° Armand, élève en chirurgie : 12° Ancard, garde-magasin général pour les poudres, armes et équipements ; 13° Ducroquet, trente ans, commissaire aux accaparements ; 14° Leclerc, chef de division du bureau de la Guerre : 15° Bourgeois, membre d'un des comités de vérification à la Guerre ; 16° Descombes, commissaire, dans les départements, pour l'arrivée des subsistances ; 17° Mazuel, « commandant temporaire » de Beauvais ; 18° Dubuisson, l'auteur tragique, qui avait eu des missions du Conseil exécutif ; 19° Laboureau, quarante et un ans, étudiant en médecine[2].

[1] Le père du romancier populaire Paul de Kock, qui, avant de faire de la littérature, avait été employé dans une banque.

[2] Archives nationales, carton W. 339, n° 617.

L'acte d'accusation déclare qu'il n'a jamais
« existé contre la souveraineté du peuple français et sa liberté une conjuration plus atroce
dans son objet, plus vaste, plus immense, dans
ses rapports et ses détails ; mais l'active vigi-
lance de la Convention vient de la faire échouer,
en la dévoilant et en livrant aux tribunaux
ceux qui paraissaient en avoir été les principaux instruments. »

Les conjurés se réunissaient à Passy, chez
le banquier de Kock. Ronsin et Manuel parcou-
raient les prisons pour y choisir des créatures ;
Hébert et Vincent dénonçaient ; Momoro, Laboureau, Ancard, Bourgeois, Ducroquet proposaient
un voile funèbre pour le tableau des *Droits de
l'homme*. Tous voulaient affamer Paris. Ronsin
avait souhaité d'être Cromwell pendant vingt-
quatre heures ; Vincent projetait d'orner les Tuileries avec des mannequins habillés en représentants du peuple. Les halles, les marchés, les
lieux publics étaient inondés de leurs pamphlets,
provoquant au retour de la tyrannie. Ils demandaient l'ouverture des prisons. Le trésor public
et la « Maison des monnaies » allaient devenir
leur proie. Ils « auraient assassiné la Liberté ».

Au cours des débats, Vincent fut accusé et convaincu d'un vol de cuillers d'argent. Hébert ne put se justifier d'avoir dérobé chez un ami qui lui avait donné l'hospitalité, des matelas, des cols et des serviettes.

Le général Ronsin se montra plein de bonne humeur. Voyant Momoro qui prenait des notes, il lui dit « Qu'écris-tu là? C'est bien inutile. C'est un procès politique qu'on nous fait. » Il traitait Hébert de bavard qui, aux Cordeliers, avait parlé au lieu d'agir. Quant à lui, il avait un fils, un enfant qu'il avait adopté. Il lui avait inculqué les principes d'une liberté illimitée. Ce fils grandirait et vengerait son père adoptif. Pour cela, un couteau de deux sous suffisait! Hébert faisait des phrases : « La Liberté est perdue! »

— « Tu ne sais ce que tu dis, répliqua Ronsin. La Liberté ne peut maintenant se déterminer. Le parti qui nous envoie à la mort ira à son tour et ce ne sera pas long[1]. »

Anacharsis Clootz prêchait au juré Renaudin la République universelle. « Elle est, disait-il, dans le système naturel; j'en ai parlé comme l'abbé de Saint-Pierre de la Paix universelle.

[1] Journal de la prison de Port-Libre.

On ne peut me suspecter d'être le partisan des
rois et il serait bien extraordinaire que l'homme
brûlable à Rome, pendable à Londres, rouable
à Vienne, fut guillotiné à Paris. »

Le président Dumas prit la parole le 4 germinal et prononça un discours véhément où il
eut le tort de se substituer à l'accusateur public[1].
Ses invectives « âmes viles, féroces esclaves,
hommes infâmes » résonnaient dans la salle.

Hébert était plus pâle qu'un mort. Il défail-
lait, La nuit précédente, en rêve, il s'était vu,
lié à la planche de l'échafaud, sous la menace
du couteau qui tardait à choir.

Ronsin riait d'un rire de défi. Cet homme
de lettres raté, devenu général d'occasion, avait,
en face de la mort, une attitude stoïque.

Trinchard se déclara convaincu ; les autres
jurés aussi. C'était l'échafaud pour tous, sauf
pour un accusé, l'étudiant en médecine, âgé de
quarante et un ans, Laboureau. Celui-là était
déclaré non coupable. Dumas l'envoya chercher. Au milieu des acclamations du public,

---

[1] Le président Dumas avait contracté la fâcheuse habitude de
boire avec excès.

il prononça l'ordonnance qui l'acquittait et il lui donna l'accolade. Puis, l'étudiant reçut l'accolade des juges, celle des jurés, et même celle de Brochet, témoin. Le président le fit asseoir à côté de lui.

En rentrant à l'audience, les autres accusés, voyant Laboureau, comprirent tout. C'était un *mouton* qu'on leur avait adjoint comme camarade de détention. Il les avait fait parler. Ils étaient perdus.

Silencieux, ils entendirent prononcer leur condamnation. Anarcharsis Clootz dit quelques mots. Il tenait à en appeler « au genre humain ». Il affirma qu'il « boirait la ciguë avec volupté ». Hébert pleurait abondamment. Il était plus mort que vif ; on dut l'emporter.

Le général Ronsin gouaillait toujours.

CHAPITRE III

Aristophane a vu dans les jurés citoyens d'Athènes des magistrats volontaires et bien rétribués par le *triobole* qui dormaient, « collés comme des huîtres au pied de la colonne ».

Trinchard ne dormait pas. Personnage important et redoutable, il ne connaissait que la Loi. La Loi ne lui laissait pas de repos. Et, comme elle changeait souvent, sous le régime de la Terreur, Trinchard, lorsqu'il était du jury, se voyait obligé de déclarer coupables et conspirateurs des hommes que, la veille, il estimait de purs patriotes. Alors, il ne connaissait plus personne. C'est ce qui arriva au procès de Danton et des dantonistes.

Il était, ce jour-là, du jury — bien trié avant l'audience[1]. Le choix de Fouquier-Tinville et de Lescot-Fleuriot, chargés de soutenir l'accusation, s'était porté sur lui, sur Lumière, Renaudin, Desboisseaux, Leroi surnommé Dix-Août, Souberbielle, l'officier de santé qui avait soigné Marie-Antoinette à la Conciergerie et qui l'avait, ensuite, comme juré, condamnée à mort. On avait pensé à Vilate; mais ses relations avec Danton et Camille Desmoulins étaient connues : il avait été éliminé.

Trinchard ne dut pas comprendre grand'chose au coup d'état judiciaire que fut le procès de Danton.

Sa conscience de juré ne se sentit ébranlée ni par les protestations de Danton et de Chabot, qui réclamaient des témoins, ni par l'interruption du président Herman, coupant la parole à Danton et lui disant : « Tu es fatigué, cède la parole à un autre », ni par la voix tonnante de l'accusé, cette voix formidable qui dépassait l'enceinte de la salle d'audience et s'entendait des quais, dans la foule anxieuse et houleuse, ni par le décret de circonstance rendu à la Convention, annoncé au Tribunal à quatre heures de l'après-midi et qui était, purement et simplement, la mise hors des débats des accusés, ni par le résumé que l'honnête Naulin fit en leur faveur.

Trinchard et les autres se déclarèrent suffisamment instruits. Les accusés ne reparurent plus à l'audience ; ils furent enfermés chacun séparément dans la prison. Pendant que les jurés délibéraient, on entendit du bruit du côté de l'escalier qui conduisait à leur chambre. Pâris, le greffier, dit Fabricius, raconta plus tard, au procès de Fouquier-Tinville, qu'il s'était porté alors vers l'entrée du greffe. Il avait vu plusieurs jurés à la tête desquels était Trinchard s'agiter comme des « forcenés ». « La rage et la colère étaient peintes sur leurs visages. » Trinchard, s'approchant de Fabricius, d'un « air furieux » et faisant un geste du bras qui « annonçait la passion la plus outrée », disait : « Les scélérats vont périr[1]. »

Le citoyen Trinchard s'était bien pénétré des paroles de Saint-Just, à la Convention, peu auparavant : « La Révolution est dans le peuple et

---

[1] Déposition de Nicolas-Joseph Pâris, greffier du Tribunal révolutionnaire au procès de Fouquier-Tinville (58e témoin).

non point dans la renommée de quelques hommes... Il y a quelque chose de terrible dans l'amour sacré de la Patrie; il est même tellement exclusif qu'il immole tout, sans pitié, sans frayeur, sans respect humain, à l'intérêt public... Danton! tu as servi la tyrannie! Danton! tu t'accommodas à tout! Tu fus le complice de Mirabeau, de d'Orléans, de Dumouriez, de Brissot! Mauvais citoyen, tu as conspiré! Faux ami, tu disais, il y a deux jours, du mal de Desmoulins, instrument que tu as perdu!... Les jours du crime sont passés! Malheur à ceux qui soutiendraient ta cause!... »

Le 16 germinal (5 avril 1794), les quinze condamnés montèrent à l'échafaud.

Peut-être, après la terrible audience finale, Trinchard éprouva-t-il le besoin d'aller prendre l'air, par ce beau dimanche de printemps et de se promener, sa jolie épouse au bras, perdu dans la foule énorme, du côté de la place de la Révolution, au jour tombant. Peut-être vit-il, à l'heure crépusculaire, se dresser, sur un ciel aux nuages mauve et soufre, éclairé par le soleil mourant, la silhouette colossale du tribun dont le profil défiait la guillotine et dont « la tête prête à tomber, paraissait encore dicter des lois ».

Comme la province « retardait » sur Paris, ce n'est que le 16 germinal, le jour de l'exécution des Dantonistes que Ploton écrivit à Trinchard pour le féliciter de l'exécution des Hébertistes. A Paris, la marche des événements devenait si rapide qu'en dépit de tout son zèle, l'ami Ploton avait de la peine à les suivre. Les nouvelles, à son gré, étaient trop lentes à lui parvenir.

Montpellier, le 16 germinal, l'an 2
de la République française

« J'ai reçu mon cher ami, ta lettre du 4 germinal avec l'acte d'accusation contre les provocateurs d'insurrection. Je l'ai lu à la société populaire ; elle applaudit aux mesures sages que tous les vrais amis de la patrie ont pris pour arrêter le poignard qui devait nous plonger dans un deuil éternel. Et si les directeurs ou les agents particuliers de cette tramme infernale ont quelque regret de n'avoir pas eu tout le succès qu'ils s'étaient promis de leur longs travaux, ils peuvent en référer au père Duchêne qui ne manquera pas de leur donner pour conseil de rester tranquilles et de continuer leur commerce en fourneaux ; car lorsque la probité et la vertu ne gissent pas dans l'esprit de cet homme qui se dit à haute voix : « Je suis bon « patriote », et que, d'autre part, il soient de couivance avec Pit et autres sellérats de son espèce, je dis, moi, que ce n'est pas un patriote mais un gibier de guillotine et qu'il faut bien vitte bannir pour toujours de la terre de la liberté.

« Tu auras vu plusieurs de nos bons amis et notamment Michel et Franc qui étoient porteur de l'urne renfermant les cendres du brave Beauvais[1]. Je t'ai envoyé l'ôraisson civique de ce grand homme. Tu sais que la calomnie n'a pû l'atteindre.

« Demain, le tribunal criminel doient juger onze aristo de cette ville qui, cellon eux, nous ne pouvions pas nous soustraire à la famine qui nous menaçaient ; et eux, pour s'y soustraire, ils

---

[1] Beauvais, député de l'Assemblée législative, membre de la Convention. — Représentant du peuple à l'armée d'Italie, il avait été pris par les Anglais qui lui avaient fait subir de durs traitements. Le bruit avait même couru qu'il avait été pendu. C'était un faux bruit. La prise de Toulon par Dugommier (19 décembre 1793) le délivra. Il alla mourir à Montpellier. Ses cendres eurent les honneurs d'une « pompe funèbre » ; elles furent envoyées à la Convention où deux députés de la Société populaire de Montpellier les présentèrent.

avaient fait fabriquer 20 quintaux de gallette que nous avons trouvée dans des caves ou dans la terre. Je me trouve juré dans cette affaire. Je te promets que la patrie et le peuple seront vangés. Je t'observent que partie de ladite gallete se trouve moissie ou pourrie. J'en frémis d'orreur. Fais en part à nos amis et dit leur que notre société est au grand pas. Hier, un séllérat qui a joué le rolle de patriote depuis la Révolution provoquaient l'avillissement des autorités constituées à cause qu'elles ont fait faire un versement général de tous les blés et farines dans un grenier commun. Ce séllérat ne craignoient pas de dire que ce verssement n'étoient opéré que pour enrechir les magistrats, calomnie la plus atrosse qu'il soit possible d'immaginer. La société populaire a demandé, toute entièrre, la tète de ce second Hébert. J'espère qu'elle tombera avec celle des marchands de galette.

« Vive la République une et impérissable.

« PLOTON.

« Ne soit pas si lon à me répondre. Ambrasse ta femme et tous nos amis. »

A cette lettre Trinchard répond le 24 germinal.

Au citoyen Ploton, au distric, à Montpellier.

« Tu n'est plus étonné, mon ami de l'ainsurection qui devait avoir lieu. Tu ne dois plus en douter et une nouvelle preuve de la conspiration [est] qu'il a été arrêté 25 miles poniards à Lile qui venoit à Paris et tu dois bien penser contre qui ils étais dirigés. Aujourdcui ont étés jugés et vont paier de leurs têtes 21 de ses conspirateurs. Ne doute pas de la confiense que nous avons mis dans nos reprégentens; ils en sont dignes. Quant à nous, soions tousjoour fermes aux postes qui nous sont confiés. S'est de la fermeté des vrais républicains que dépent l'afiermisement de la république. Jé remis les disquours que tu m'as envoié. Ils les ont resu avec bien de reconesense dans des aucagions critiques où l'on voudrait nous ainduirre en hereur. Continue de t'adresser à moi avec la même confiense et sois seur que la coresponde des patriotes vrais amis de la patrie déjouera tousjeour les infâmes complots des conspirateurs. Depuis que nous avons fait justice des traîtres nous sommes bien tranquilles ici ; abugiés par des hommes qui nous avoit trompé nous aprenons que le seul patriote est celui qui est animé par les sentimens de la nature et qu'il n'a rien en veue que l'amour et la prospérité de son peis. Hereux pour nous si nous avons un jeour le plegir de nous entretenir la même corespondense d'amitié, tranquilles au sein de nos famillies (*sic*) et de nos enfans jouiront du plegir de la liberté furit (fruit) de nos traveaux. L'idée est bien consolente. Est sest là la plus belle récompense que doivet atendre les vrais républiquains. Quant le régumé de toutes conspirations sera ainprimé, je vous le fairé paser. Mon épouge t'asure des mêmes sentimens d'amitié que moi.

« Tu asureras tous les amis qui sont digne de nos amitiés des mêmes sentimens. Amitiés aux républiquains être un devoir sacré. Salut et fraternité. Ton ami,

« TRINCHARD.

« A Paris, le 24 germinal 2ᵉ de la république une et aindivigible[1]. »

[1] Archives nationales, W. 500, pièce 161.

Les traîtres auxquels il fait allusion dans cette lettre sont, non seulement Danton et les Dantonistes, mais encore toute une fournée assez disparate d'accusés qu'il avait, ce jour-là, expédiés à l'échafaud : Chaumette, le procureur de la Commune de Paris; Gobel, l'évêque de Paris ; le général Dillon ; le député Simond ; le général Beysser ; le lieutenant de gendarmerie Lebrasse qui avait accompagné Louis XVI au supplice ; Grammont père, ancien acteur, officier de l'armée révolutionnaire qui avait insulté Marie-Antoinette pendant le trajet de la Conciergerie à l'échafaud ; la veuve d'Hébert, la veuve de Camille Desmoulins... En tout dix-neuf condamnés.

Trinchard avait entendu, ce jour-là, un long morceau d'éloquence où Naulin, substitut de l'accusateur public, avait mis tous ses soins :

« La confiance dont m'ont honoré mes concitoyens me condamne à remuer le bourbier fangeux du crime, à parcourir et examiner avec l'attention la plus scrupuleuse la longue galerie des conspirateurs dont l'horloge patriotique a sonné l'agonie.

« Ce n'est point dans les angoisses de l'oppression qu'il faut se livrer à des discussions méthodiques et rhétoriciennes.

« L'ordre des révolutions, les événements qui en sont inséparables, ont confondu dans la même masse le patriote pur qui veut sincèrement le bien général et qui professe du cœur l'abnégation de lui-même, avec l'intrigant ou l'égoïste qui ne voient qu'eux seuls dans la marche des événements publics.

« Cette masse de vertus, de crimes et d'insouciance coupable bouillonne bientôt sur le brasier du patriotisme. Une portion immonde s'évapore d'elle-même par l'ébullition ; la raison et la vertu écument ce que l'évaporation n'a pu purger et, bientôt, un résidu pur et limpide présente un miroir consolant à ceux qui ont su se dire : « J'achèterai par tous les sacrifices, par toutes les privations, la liberté et l'égalité qui assureront le bonheur de la génération naissante, qui seule doit recueillir les sueurs et les travaux de celle actuelle. »

« Citoyens jurés, j'ai à partager avec vous une tâche pénible et rigoureuse. Mais ainsi que vous, je laisse l'homme à la porte de cette enceinte sacrée : mon cœur, mon cœur seul, dévoré du brûlant amour de la liberté, essaye de faire retentir ces voûtes redoutables et c'est avec l'impassibilité du marbre que je vais retracer les preuves qu'ont, selon moi, fourni les débats.

« Né bon, confiant, généreux, le peuple français n'a pas même conçu de soupçons contre les loups et les vautours qui se sont, par instinct, rassemblés autour du cadavre du despotisme et qui, saturés de son sang immonde, ont bientôt voulu s'abreuver de celui de la liberté.

« Les lions avaient égorgé cet animal que l'on nommait roi et qui, trop longtemps, les avait traités comme de stupides moutons ; il répugnait à leur courage de se nourrir de cette proie infecte : ils l'abandonnèrent aux animaux immondes et voraces ; mais les renards vinrent bientôt s'associer à la curée.

« Diverses factions se montrèrent, et dans toutes l'on trouva des renards. Les lions sommeillaient ; étrangers au crime, ils ne pouvaient même le soupçonner ; un léger frémissement de chaîne les réveille et, bientôt, Brissot et l'astucieuse Gironde ont cessé d'exister.

« Cet exemple terrible et sévère de la justice

d'un peuple doux et bon n'effraye pas les lâches conspirateurs ; l'or de Pitt atténue leur crainte ; la fièvre ardente de l'ambition dérobe à leurs yeux l'échafaud qui les attend ; ils comptent sur les phalanges nombreuses des rois ; ils forment mille et un complots. Paris, Paris surtout, est le centre de leurs espérances coupables. Ils lui ont suscité des ennemis nombreux par un acte de justice nationale qu'ils ont souillé du manteau de l'assassinat. Ils ont calculé les besoins immenses de son innombrable population. Affamons le peuple, se sont-ils dit, et bientôt la faim fera de lui une bête féroce qui étranglera. Et nous, nous dévorerons.

« Ce moyen infâme ne leur a pas présenté un espoir suffisant ; ils ont cherché des ennemis à la liberté et parmi les adorateurs aveugles et crédules du presbytérianisme et parmi les plus infâmes prostituées. Ainsi donc le papisme et la débauche, soulevés, excités par la même main, devaient tirer en sens contraire la scie de l'intrigue sur le tronc de l'arbre de la liberté ; ainsi le crime préparait une Vendée générale, ainsi la scélératesse humaine convertissait tout en torches ardentes, et, bientôt, l'embrasement universel eût rassasié la férocité des monstres qui, stupidement, comptaient s'y soustraire. Ils ont été déçus de leurs criminelles espérances et l'horloge patriotique a sonné l'agonie des conspirateurs.

« Quels étaient ceux qui froidement calculaient et préparaient ce malheur universel? Ceux-là que le peuple avait investi de sa confiance, ceux-là qui, nés sans espoir, devaient tout au recouvrement des droits du peuple. Un Hébert qui n'avait échappé à la justice qu'à la faveur de la Révolution; un Chaumette que la mer eût englouti dès longtemps si la divinité eût été aussi vindicative que l'ont peinte les prêtres. « Dieu sait tout », disent-ils. Et Chaumette vit encore!

« Je ne salirai pas vos oreilles du nom des conspirateurs déjà punis et de ceux qu'attend la justice nationale. L'opinion publique a frappé Chaumette; ses intrigues sont dévoilées; ses réponses aux débats vous ont laissé entrevoir son âme, ses réquisitoires imprimés la mettront à nu! Vous calculerez froidement sa conduite avant et après l'établissement du gouvernement révolutionnaire. Apôtre de l'athéisme à l'instant

où il pouvait servir ses projets contre-révolutionnaires, il change de langage à la séance du
8 frimaire ; il réclame l'article 1222 de l'acte
constitutionnel qui garantit aux Français le
libre exercice des cultes. Cet homme qui avait,
cinq ans auparavant, provoqué la fermeture des
églises, parce qu'alors il calculait la force élec-
trique d'une habitude puissante, associe les
catins aux prêtres ; il trouve dans les certificats
de civisme et dans tout ce qui tient à son
ministère des moyens de se faire des partisans
ou d'accroître la masse des mécontents, et il
insulte sans pudeur à la disette factice qui est
son ouvrage en proposant des fêtes au temple de
la Raison, en parlant des cocardes des femmes,
alors qu'on lui demande du pain.

« Gobel suit de bien près Chaumette, s'il ne
marche sur la même ligne : cet étranger, venu
l'on ne sait comment à l'Assemblée Constituante,
n'a su se masquer longtemps : les débats vous
ont dévoilé toute la turpitude de ses intrigues.
Honoré par le choix d'une grande peuplade, il
pouvait, il devait l'éclairer, l'instruire ; il devait
préparer le jour de la Raison, et il a voulu
amener celui de la contre-révolution. Ins-

trument mobile de Clootz, de Momoro, de Chaumette, il a bassement consenti à se déclarer un charlatan, et c'est l'intérêt et non sa conscience qui lui ont inspiré une démarche brusque et de là dangereuse, lorsque amenée avec douceur, elle pouvait devenir aussi utile que ses moteurs l'avaient préjugée funeste à la liberté et favorable à leurs complots.

« La veuve Hébert a, je ne dirai pas, perverti son mari, dont l'immoralité vous a été démontrée lors des débats qui lui ont été personnels, mais secondé de tous ses moyens les projets liberticides de ce monstre qui, n'écoutant que son intérêt personnel, voulait assassiner le peuple dont il avait la confiance. Le journal le plus obscène était en partie l'ouvrage de cette religieuse ; elle était l'agent infatigable des complots de son mari et, tournant les dons de la nature contre une nation à laquelle elle devait et la liberté et le titre sacré de mère, elle employait et son esprit et ses charmes à recruter des conjurateurs contre sa patrie ! [1] »

* * *

[1] Archives nationales, W. 345, n° 676.

Le 20 germinal, Boudon, « commissaire des guerres à Montpellier », avait écrit à son ami Trinchard pour lui annoncer que le Tribunal criminel de l'Hérault venait de rendre un jugement « dans les formes du tribunal révolutionnaire de Paris. Il se flatte « d'avoir été un des dénonciateurs ».

« Il y avait douze accusés. La séance a duré pendant quarante heures, sans désemparé. Jamais audience plus belle et plus frapante que celle-là. C'éttait dans la salle d'espectacle. Le peuple de la Citté y étoit venu en foule. Le plus grand calme régnoit. Il fallu déposé contre douze sélérat. Tu vois combien je dois être fatigué… Si tu avais vu la fermeté des jurés et des juges tu aurais vu des Brutus… Nous fûmes à la place de la Révolution. Là, tout le peuple cy rendit au moment ou le Glaive de la Loy alait le fraper. Le cri de Vive la République ce foisoit entendre de toute part. Celui qui fut le premier guilhotiné cria en plusieurs reprise ce cri infâme de : Vive le Roy ! Voilà cher amy à peu près la journée du 18 et 19. Tu vois combien la Terreur est à l'ordre du jour. Vive la Montagne ! Boudon. »

Il ajoute en post-scriptum, après avoir envoyé

ses compliments à l'épouse de Trinchard :
« J'oublie de te dire que Ploton a été juré
dans le jugement. »

De floréal aux événements du 9 thermidor,
Trinchard goûta la douceur de vivre et la
volupté du succès. Il avait été nommé membre
de la Commission populaire du Muséum.
Bientôt, il en fut promu le président. Le drapeau de la section lui avait été confié. Il le
portait dans les cérémonies. La notoriété dont
il jouissait lui avait procuré d'importants travaux[1]. Et ses fonctions de juré l'absorbaient
de plus en plus. Le 1er floréal, il condamne
à mort des magistrats, anciens membres des
parlements de Paris et de Toulouse qui ont
protesté contre les décrets de l'Assemblée
Nationale : les Lepeletier-Rosambo, les Bourrée-
Corberon, les Bochart de Saron, les Molé de
Champlàtreux, les Lefèvre d'Ormesson, les
Pasquier, etc.

[1] Une note du juré Aigoin, son ami, adressée à Trinchard le
7 germinal, l'invitait à se rendre chez le citoyen Jaunès, architecte de la Trésorerie nationale qui lui délivrerait « une partie
des ouvrages de son art dans cet établissement républicain ».
Archives nationales, W. 500, pièce 159.

En époux aimable et qui ne voulait pas laisser sa jeune femme s'ennuyer au logis, il lui avait envoyé ce billet[1] :

A la citoyenne Trinchard, rue de la Monnaye, n° 19, à Paris.

« Si tu n'est pas toute seulle et que le compagnion soit à travalier tu peus, ma chaire amie, venir voir juger 24 mesieux tous si deven présidents ou conseliers au parlement de Toulouse et de Paris. Je t'ainvite à prendre quelque choge avant de venir parche que nous n'aurons pas fini de 3 hures. Je t'embrasse ma chaire amie et épouge. Ton mari Trinchard. »

Le 21 floréal, il jugeait et condamnait vingt-trois accusés parmi lesquels cinq membres de la famille Loménie de Brienne; Mme veuve de Montmorin et son fils; Madame Elisabeth.

Le 20 prairial, il assistait à la fête de l'Être Suprême comme porte-drapeau de la section du Muséum[2].

---

[1] Archives nationales, W. 500, pièce 152.

[2] Voici la teneur du billet de convocation qui lui fut adressé :
Au citoyen Trinchard porte-drapeau de la section du Muséum.
« Tu te rendra decadi 20 prairial au gazon du Louvre à sept heures pour prendre le drapeau et le porter à la cérémonie qui doit avoir lieu le dit jour. Salut et fraternité. Collinet adjudant. » Arch. nat., W. 500, pièce 138.

Sa correspondance avec son frère le canonnier et avec ses amis de Montpellier nous manque pour cette période. Mais, après le 22 prairial, nous le retrouvons sur la liste des jurés du Tribunal révolutionnaire reconstitué, avec le luthier Renaudin, avec Vilate, avec Duplay, cet autre menuisier, l'hôte de Robespierre, avec Pigeot, l'ancien laquais, avec le perruquier Ganney, le peintre Topino Lebrun, avec l'imprimeur du Tribunal, Nicolas, d'autres encore. Ils étaient cinquante.

CHAPITRE IV

Jugement porté par Trinchard sur les événements du 9 thermidor. — La clameur publique le dénonce. — Il est arrêté et incarcéré à la maison d'arrêt de Port-Libre. — Il est au secret. — Procès de Fouquier-Tinville et de ses co-accusés. — Trinchard est fort malmené par l'accusateur public. — Il se défend en niant. — Il n'a pas été un homme sanguinaire. — Si l'on regarde comme *solides* ceux qui ont servi la Patrie, il est solide. — Le greffier Pâris, ami de Danton, le charge sans ménagements. — Son rôle au Tribunal est mis au jour. — « Un juré révolutionnaire n'est pas un juré ordinaire. » — Il renie Lescot-Fleuriot, son protecteur. — Il sauve sa tête. — Son existence de détenu errant de prison en prison. — Ses suppliques. — Son frère ne l'abandonne pas ; ses amis non plus. — Il est rendu à la liberté et à la tendresse de sa jolie épouse « temple de Vénus, déesse de l'Amour ». — Sous le Directoire, il est agent de la police secrète.

Les rêves d'avenir de Trinchard, lorsqu'il écrivait à Ploton, qu'il lui disait ses espoirs prochains, le plaisir qu'ils auraient à entretenir une petite correspondance d'amitié « au sein de leurs familles » ; la pensée « bien consolante » qu'il caressait de voir, un jour, leurs enfants « jouir du *plégir* de la liberté, fruit des travaux de leur pères », tout s'écroula brusquement le 10 thermidor.

Le 11, il écrit ce court billet à son frère (il ne veut pas paraître inquiet) :

Au citoyen Trinchard, canonier.

« Mon fraire, Bouché te dira que je me porte bien. Je suis bien flaté que vous soiés ensemble. Les événemens qui vienne d'arriver doivet aprendre aux patriotes qu'il vaut mieux être l'ami de sa patrie que d'être jamais idolâtre des hommes, car la patrie n'est pas capable de nous tromper et les hommes qui parlet tent de vertu sont tousjeour seux qui nous trompe avec le plus de perfidie.

« Ma femme se porte bien et te fais ses amitiés.

« Salut et fraternité

« Ton fraire, TRINCHARD.

« Le 11 termidor, 2ᵉ de la république une et indivisible [1] ».

Il avait des ennemis dans sa section. Au comité de Salut public, on l'en avait averti. La « clameur publique » le dénonça [2].

[1] Archives nationales. W. 500, pièce 136.
[2] *Ibid.*, carton W. 500, pièce 141.

Le 10 thermidor, l'assemblée générale de la
section du Muséum avait déclaré que Trinchard
avait perdu sa confiance. Les motifs en étaient
énumérés. « L'immoralité la plus vile, les passions les plus basses n'étaient rien en com-
paraison de la scélératesse insigne avec laquelle
il perpétrait ses crimes ». Entièrement dévoué à
Lescot-Fleuriot, son protecteur auprès de Robespierre, il se débarrassait aisément de la surveillance civique des patriotes de sa section en les
faisant inscrire sur les listes de proscription
que « l'infâme Robespierre » se faisait présenter
par ses agents.

Juré au Tribunal révolutionnaire, il déclarait
hautement qu'il ne s'agissait que d'être accusé
pour être condamné. Il se glorifiait d'avoir voté
seul contre des accusés que les autres jurés
jugeaient innocents. Souvent même, il obligeait
ses collègues à se ranger à son avis et répétait
qu'on était plus embarrassé lorsqu'il n'y avait
point de délit contre un prévenu que lorsqu'il
y en avait, « parce qu'il fallait inventer un
délit ».

Émule de Lumière, agent comme lui de Robespierre, de Fleuriot et d'autres de la même

clique », élevé par eux aux importantes fonctions de président de la Commission populaire, il copiait son attitude sur la leur. Il ne s'est occupé qu'à satisfaire ses vengeances personnelles et celles de ses amis.

Le 11 thermidor, en vertu d'un ordre donné, le jour même, par le comité de Sûreté générale, les membres du Comité révolutionnaire de la section du Muséum, Manus, Morisse, Bailleux, Sautter, se présentent au domicile de Trinchard, rue de la Monnaie, n° 19, au premier étage, pour le mettre en état d'arrestation. Ils demandent le président de la Commission populaire. Des voisins leur répondent qu'il n'y a personne. Immédiatement, ils requièrent un serrurier[1] qui appose une plaque sur la porte du logement. Mais une locataire, au deuxième étage, la citoyenne Madeleine Gaspard, femme de Claude Godiveau, apprend aux commissaires qu'il doit être à la Commission populaire et que sa femme est allée acheter des provisions.

Au moment où ces citoyens se disposent à se rendre au Muséum, la femme de Trinchard

---

[1] Étienne Le Tanneur, demeurant rue Étienne, chez le citoyen Toffard.

arrive. On lève la plaque apposée sur la porte du logement et la citoyenne est invitée à l'ouvrir.

Ils entrent et lui demandent où est son mari. Elle répond qu'il est à la Commission populaire où ils vont après avoir laissé la jolie femme du menuisier sous la garde de deux citoyens de la force armée.

A la Commission du Muséum, un garçon de bureau leur apprend que Trinchard vient de sortir. Mais, dans l'antichambre, ils le rencontrent. Trinchard les fait entrer dans son cabinet. Ils lui notifient l'ordre du comité de Sûreté générale et l'invitent à les accompagner chez lui pour la vérification de ses papiers.

Trinchard se rend aussitôt à cette invitation. Chez lui, les tiroirs et les casiers sont fouillés. Les membres du Comité saisissent sa correspondance et des notes prises par lui au cours des affaires où il a fait fonction de juré.

Ils lui demandent ses prénoms, lieu de naissance, profession et fortune. Il répond qu'il se nomme François Trinchard, qu'il est âgé de trente-trois ans, natif de Montpellier, menuisier de profession, président de la Commission populaire, qu'il ne jouit que des honoraires attachés aux fonctions de membre de cette Commission et du produit qu'il peut retirer de sa profession de menuisier[1].

En vertu des ordres donnés par le comité de Sûreté générale, il est mis en arrestation et incarcéré à la maison d'arrêt de Port-Libre où le concierge doit le tenir au secret[2]. Les scellés sont apposés sur ses papiers. Ceux qui sont considérés comme suspects sont apportés au Comité.

Le 13 thermidor, on reproduit contre Trinchard la dénonciation faite, cinq mois, auparavant par la citoyenne Françoise Seré au Comité d'épuration de la Société populaire du Muséum et qui dormait dans les cartons.

Traduit devant le nouveau Tribunal révolutionnaire, il y subit deux longs interrogatoires, les 6 germinal et 11 ventôse an III.

Durant les débats du long procès de Fouquier-Tinville et de ses vingt-trois coaccusés, Trinchard fut très malmené par l'accusation. Il nia

[1] Archives nationales. W. 500. pièce 142.
[2] *Ibid.*. F⁷ 3475⁴.

énergiquement tous les faits d'inhumanité et
d'immoralité qu'on lui reprochait. « Je prétends,
dit-il, que, bien loin d'être un homme sanguinaire, ma conduite à la Commission populaire
dément une telle assertion [1]. »

Comme Sezille, défenseur officieux, déclarait
que l'ancien marquis de Montflabert, Leroy,
surnommé Dix-Août, Trinchard, Prieur, Chrétien, Brochet et Ganney passaient pour être les
jurés solides dans les grandes affaires et pour
faire ce que Fouquier appelait familièrement
ses feux de file, Trinchard déclara :

« Si on regarde comme solides ceux qui ont
servi la patrie, je suis solide et je dois être
regardé comme coupable [2]. »

Etienne Masson, ex-greffier du Tribunal,
employé depuis le 9 thermidor au comité de
Salut public, vint déclarer qu'il regardait Trinchard, Renaudin, Dix-Août, Châtelet, Gérard,
Vilate et Prieur comme les plus « intrépides
chefs de file ».

Son rôle dans l'affaire Danton lui fut plus

<hr>

[1] Procès de Fouquier. Buchez et Roux, t. XXXIV, p. 464.
[2] *Ibid.*, t. XXXV, p. 75.

sévèrement rappelé. L'ancien greffier Pâris, dit Fabricius, le chargea sans ménagements. Ami de Danton, nommé par son influence à la place de greffier en chef du Tribunal, il avait témoigné son indignation lors du coup d'état judiciaire qui avait mis Danton et les dantonistes hors des débats. Même, on disait qu'il avait refusé de signer la minute du jugement. Révoqué six jours après la mort de son ami, il fut incarcéré.

Les accusations de Pâris sont formelles et précises. Elles viennent, par chocs successifs, sans violence apparente, redoutables en réalité, heurter l'épaisse solidité de ce juré « patriote ». Elles arrivent, l'une après l'autre, comme des vagues, submergeant ses moyens de défense qui sont toujours les mêmes : nier les faits ou affirmer son « humanité ».

Pâris, dit Fabricius, dans l'exposé qu'il fait de l'organisation du Tribunal de la Terreur, est net, modéré, terrible. Il a l'air de faire un cours d'histoire pour les jurés du nouveau Tribunal. Il dit : « Le Tribunal étant composé en quatre sections, il devait y avoir un tirage de juges et de jurés. Au lieu d'un tirage c'était un triage

qui se faisait ; cela se pratiquait surtout lorsqu'il y avait de grandes affaires à juger. Cela
s'est pratiqué à ma connaissance dans l'affaire
d'Hébert et Vincent et dans celle de Philippeaux,
Camille, Danton et autres ; ce tirage fut fait par
Fleuriot et Fouquier, dans la chambre du Conseil, en présence de plusieurs juges ; les jurés
choisis étaient ceux que Fouquier appelait les
solides, gens sur lesquels on pouvait compter :
c'était Trinchard (il le nomma le premier),
Renaudin, Brochet, Dix-Août, Prieur, Aubry,
Châtelet, Didier, Vilate, Laporte, Gautier,
Duplay, Lumière, Desboisseaux et Benard. Ces
jurés, lorsqu'ils étaient de service, se rendaient le matin au cabinet de Fouquier où, souvent, étaient les juges de service : là, il était
question de l'affaire du jour ; c'était le mot
d'ordre qu'ils allaient prendre ; de là, ils mon-
taient à la buvette, ils se mettaient à la fenêtre
pour voir passer « avec un plaisir barbare, les
victimes qu'ils allaient immoler et contre lesquelles ils se permettaient des propos insul-
tants ».

Il dit encore : « La parole fut ôtée à Danton.
Herman et Fouquier entrèrent dans la chambre

des délibérations et ordonnèrent aux jurés de se déclarer instruits. »

Herman nie. Pâris reprend : « Je le répète, Danton ne fut pas entendu, non plus que les autres accusés. On craignait même les témoins à charge ; un seul fut produit. Encore parla-t-il à la décharge de Danton. Il n'était pas aisé de trouver des témoins pour déposer contre de pareils hommes.

Il dit enfin — et ses paroles semblent s'adresser non seulement au Tribunal devant lequel il dépose, mais encore à l'Avenir et à l'Histoire :

« Les jurés qui ont siégé dans l'affaire de Danton, Camille Desmoulins et autres sont Renaudin, Trinchard, Dix-Août, Ganney, Topino-Lebrun. »

Il ne nomme pas les autres.

Cambon, substitut de l'accusateur, démontre que Fouquier-Tinville avait mis en jugement non seulement des paralytiques, mais encore un homme sourd, aveugle et en enfance, Durand-Pierre Puy-Devarine, âgé de soixante-neuf ans, ex-noble, ex-maître des comptes, guillotiné le

9 thermidor comme complice de la conspiration de Luxembourg.

Le gendarme Lhuillier vient attester que Trinchard, juré dans cette affaire, avait demandé à Puy-Deverine s'il était noble. Puy-Deverine, sourd, n'avait pas entendu et ne répondait pas. Trinchard lui avait demandé pourquoi il avait conservé des médailles sur lesquelles était la figure de Capet. La femme de Puy-Deverine avait répondu pour lui : « C'étaient des jetons à jouer, renfermés dans une bourse. » — « Les gens de votre caste sont toujours attachés à la royauté, avait répondu Trinchard : vous êtes coupable d'avoir laissé ces jetons à votre mari. »

— Le substitut Cambon : « Ceci nous rappelle les étiquettes en émail des vins de Bordeaux, de Champagne, de Bourgogne, trouvées chez un homme riche et que des juges, ignorants ou plutôt pervers, du Tribunal d'alors, traitèrent de signes de ralliement pour la chimère du fédéralisme; comme ils prétendaient méchamment que des croix et des chapelets étaient des signes de ralliement de la Vendée : ce qui fit périr une foule de religieuses et d'autres citoyens. »

— Trinchard : « J'ai fait mon devoir et ce que

les lois m'ordonnaient et je croyais qu'outre les jetons il s'agissait de correspondances. »

— Un témoin : « Trinchard m'a dit : Nous ne cherchons pas des innocents, mais des coupables. »

— Trinchard : « Je nie ce propos. »

Enfin, poussé à bout, harcelé par l'accusation, par les témoignages, l'ancien juré s'écrie : « Un juré révolutionnaire n'est pas un juré ordinaire ; nous n'étions pas des hommes de loi, nous étions de bons sans-culottes, des hommes purs, des hommes de la nature. »

Il se défend d'avoir connu Robespierre. Il renie Lescot-Fleuriot, son protecteur. Il cherche à sauver sa tête.

Il y réussit. Le 17 floréal, bien que convaincu, à l'unanimité, d'être le complice des « manœuvres et des complots qui tendaient à favoriser les projets liberticides des ennemis du peuple et de la République », il est acquitté par le Tribunal. A la majorité de six voix, on reconnut qu'il avait « agi sans mauvaises intentions ».

Pourtant, il ne recouvre pas sa liberté. Comme il se trouvait, lors de sa mise en jugement, en

état d'arrestation par ordre des comités de gouvernement, il est, en vertu d'un ordre du Tribunal, réintégré dans la maison d'arrêt où il avait
été écroué.

Alors, commence pour lui une existence de
détenu errant qu'on transfère, pendant quelques
mois, de prison en prison. De Port-Libre, il
passe, le 19 vendémiaire, an III, aux Anglaises de
la rue de Lourcine, de là à Pélagie, enfin au
Plessis, dans la maison de justice Egalité [1].

Mais il a des amis qui ne l'abandonnent
pas. Son frère le canonnier ne néglige rien pour
obtenir son élargissement.

Le 16 fructidor, an III, il s'adresse aux membres du Comité de Sûreté générale « avec la voix
de l'amitié fraternelle et de l'humanité souf-
frante ». Les *circonstances* leur ont dicté, écrit-
il, une « mesure malheureuse » pour son frère :
celle de le réintégrer dans une prison qu'il se
« fait gloire de subir, par la douce espérance
qui lui reste de pouvoir dire un jour qu'il ne
l'avait pas méritée ». Mais ses affaires, son
ménage sont dans un dépérissement cruel.
Trinchard frère se porte garant des sentiments

[1] Archives nationales. F⁷4475³⁴.

de l'ex-juré. Il s'offre même pour le remplacer. Peu lui importerait la privation de sa liberté s'il pouvait faire en sorte que celle de son frère fût consacrée au bonheur d'une femme et d'enfants qu'il chérit au delà de toute expression.

Des prisons où il est détenu, Trinchard adresse mémoires sur mémoires aux membres du Comité de Sûreté générale, aux représentants de l'Hérault. Il s'ingénie à les intéresser à sa cause.

Aux membres du Comité, il écrit de Pélagie, qu'uni à une jeune épouse qu'il aime tendrement, il menait la vie la plus sobre et la plus retirée, tout adonné qu'il était à ses fonctions de juré, « le jour et une grande partie de la nuit ». A peine avait-il le temps de donner un « quart d'heure à ses repas ». Jamais ménage ne fut plus uni que le sien. Jamais homme ne fut plus « réglé dans ses affaires ». Ses ouvriers, il les aimait comme lui-même. Il n'a jamais été lié avec Fleuriot et Lumière. On l'a calomnié. Jamais ces « individus » n'ont mis les pieds dans sa maison. Jamais il n'est entré dans les leurs. S'il a été juré au Tribunal, c'est que le sort l'a désigné.

« La Loi lui a dit : tu ne dois compte de ton

opinion qu'à ta conscience et à l'Être Suprême. »
Il a obéi à la loi. Bien loin d'avoir été l'agent
de « l'infâme Robespierre », il en était l'ennemi.
Quelques jours avant le 9 thermidor, c'est lui
et Subleyras qui ont fait mettre en liberté de
bons sans-culottes, membres du Comité révolutionnaire de l'Indivisibilité, arrêtés sur l'ordre
de Robespierre. Ce n'est pas par un assemblage
de mots plus ou moins méchants et qui ne res-
pirent que la haine et la « vindication » qu'on
peut perdre un patriote qui s'est « sacrifié »
depuis le commencement de la Révolution.

De la prison du Plessis, il écrit aux représentants de l'Hérault pour les décider à intercéder
en sa faveur. Il demande à être traité comme
viennent de l'être les citoyens Duplay père et
fils, ses compagnons d'infortune. La saison est
rigoureuse. Il voudrait faire lever son secret,
être transféré au Luxembourg « pour remettre
un peu sa santé altérée, en respirant un air
plus pur que celui qu'il respire ».

Il est stupéfait de se trouver encore en prison
après avoir été acquitté. Il a neuf mois de détention et trente-huit jours de débats au Tribunal ! Pourquoi a-t-il été réincarcéré ? Il n'a

rien compris, évidemment, à la réaction thermidorienne, ni à l'immense, à la violente répro-
bation, au sentiment d'horreur dont lui et ses
anciens collègues sont l'objet. La plupart d'entre
eux ont payé de leur tête les crimes qu'ils ont
commis contre l'Humanité. Lui, il vit. Il survit
à l'écroulement du régime de terreur où il a
joué un rôle. Et il ne s'étonne pas d'être encore
vivant. Il s'étonne de ne pas être libre. Il gémit
dans les fers. Il n'a été arrêté que par la pro-
vocation de quelques meneurs de sa section,
dont plusieurs ont été mis depuis « en état d'arrestation pour avoir fait prendre des arrêtés
liberticides ». Il espère que les députés consi-
déreront sa position « ainsi que sa jeune et vertueuse épouse bientôt prête à accoucher, une
boutique abandonnée à des étrangers et n'ayant
d'autre ressource que celle du travail de ses
mains ». Il sait que ces représentants du peuple
ont toujours été les amis, les pères, les défenseurs des « enfants de Montpellier ». Il attend
d'eux qu'ils rendent « un patriote à la société,
un mari à sa chère épouse et un ouvrier à l'industrie[1] ».

[1] *Archives nationales*. W. 500. pièce 127.

« J'ai passé, écrivait-il aux membres du Comité
de Sûreté générale, au creuset d'épuration le
plus ardent et le plus redoutable ; mon jugement
d'acquit, dont je joins ici une expédition, en est
la preuve. Je réclame donc ma liberté. Citoyens
représentants, j'ai eu le bonheur d'être père au
moment même où la mort planait sur ma tête.
Simple artisan et peu favorisé de la fortune, ma
liberté assurera mon existence. Je n'en ferai
usage que pour servir ma patrie, vivre en bon
citoyen et respecter la Loi. »

La liberté fut rendue à cet « homme de la
nature ». Le 19 vendémiaire an IV, le Comité de
Sûreté générale arrêtait que François Trinchard, de Montpellier, acquitté le 17 floréal de
l'année précédente, serait mis, sur-le-champ,
en liberté et que les scellés seraient levés
chez lui.

Pendant quelque temps nous perdons la trace
de Trinchard. Un voile d'obscurité couvre la vie
de l'ancien juré. Il semble vraisemblable qu'il
chercha l'oubli sans plus prétendre à « servir sa
patrie », — lorsqu'il fut rendu à la liberté, à
l'amitié de son fidèle Ploton et à la tendresse de

sa jolie épouse, « temple de Vénus, déesse de l'Amour ».

Mais, quelques mois après, le 23 ventôse, une note de Marné, attaché à la police secrète du Directoire exécutif, nous apprend que le *Messager du Soir* « l'arrangeait de la belle manière en le traitant de chef d'une police de terroristes. » Il en donne la raison : un de ses employés, Trinchard, était celui qui avait arrêté le rédacteur du *Messager*, M. Langlois[1].

Trinchard était devenu agent de la police secrète du Directoire.

Il accomplissait sa destinée.

---

[1] Aulard. *Paris pendant la réaction thermidorienne et sous le Directoire*, t. III. p. 53,

TABLE DES MATIÈRES

PREMIÈRE PARTIE
JOACHIM VILATE, le « Petit Maître »

CHAPITRE PREMIER

CHAPITRE II

CHAPITRE III

CHAPITRE IV

CHAPITRE V

CHAPITRE VI

CHAPITRE VII

CHAPITRE VIII

DEUXIÈME PARTIE

LE CITOYEN TRINCHARD, Homme de la Nature

CHAPITRE PREMIER

CHAPITRE II

CHAPITRE III

CHAPITRE IV

DÉSACIDIFIÉ A SABLÉ
EN : 1 - NOV. 1991

ÉVREUX IMPRIMERIE CH. HÉRISSEY ET FILS

www.ingramcontent.com/pod-product-compliance
Lightning Source LLC
LaVergne TN
LVHW011907180726
843502LV00003B/625